JN046342

FRANÇAIS｜EXTENSION DU VOCABULAIRE

フランス語 単語大全

久松 健一
HISAMATSU Ken'ichi

［練習問題 806題で広角化する］

DELF A1, A2レベル対応

SURUGADAI-SHUPPANSHA

はじめに

とにかく, たくさんの単語に触れる. できるだけ多くの言い回しを目にする. 問題を解きながら, 単語の声を聞く. 限定された範囲にとらわれず, 四方にも目配りできる冷静なあり様, 言葉を俯瞰する目や複眼を育てる. 入試のような詰め込み式の「単語」育成ではない. 応用の効く生きた「単語」をつかみとる. そのためにあらゆる角度から言葉を見つめ, 語句をしっかと噛みしめ, 噛みくだく.

目指したのは, 単に DELF A レベルの単語力拡充にとどまらない. もちろんその点をしっかり視野に収めてはいるが, 原則として, DELF A の設問形式をそのまま採用していない. それでは効率的な単語力養成ができないし, 目指すのは嘘のない本物の単語力, 漏れのない表現力育成だからである. また, 単語の意味を想像できる一歩先の力も養う. 高邁な理想と思える目標を形にした.

ページをめくってもらえればわかるが, この本には単語力をつけるための複数のアプローチが載っている. 見たことのない出題に戸惑うかもしれない. ときに, 難問にぶつかり頭を抱えるかもしれない. 下手をすると, 放り投げだしたくなるかも

しれない. でも, 弱音は吐くな. いやいや単語道を歩むのでは, 力はつかない. 険しいと思える道でも, 歩んでいるうちにかならず景色は変わる. 踏みだす一歩が, 喜びにつながる瞬間がやって来る. 視界が一気に広がり, 誰にも引けを取らない単語力がついていることを実感できる.

安っぽい根性論ではない. 真摯な学びを行なう誰もが味わえるはずの高みへとあなたを誘い, さらにその先をも予感させる. 本書の目指す道は, そうした未来へしっかりつながっている. ためらっている時間はない. さあ, 一歩を踏みだそう.

2024年浅春　転ばぬ先のこの書冊　　著者

＊ 当初, 本書と姉妹編 (Keyword) を合本として上梓するよう発想していたこともあり, 後者に掲載していない語句も複数扱っています. 範囲にこだわりすぎず, DELF B レベルの単語も一部視野に入れ「単語の視界良好」を優先しました.

＊ 本書の作成に関して, 編集面で駿河台出版取締役の上野大介様にお世話になり, 本文デザインとDTPについてはじめて吉田デザイン事務所様のお世話になりました. また, Julien RICHARD-木口様には, 2度にわたって本書内の誤植を確認いただきました. ご協力いただいた皆様に心から感謝いたします. それでも「<校正>恐るべし」. もし, 本書に問題点があればそれはすべて著者の責任です.

音声について（収録時間：2 時間 8 分）

||||||||||||||||||||||||||||||||||||||||||||||||||||||||||||||||||||||||||||||||||||||||||||||||||||||||||||||||||

ページ右上に 🔊 音声マークが付いているページは音声が収録されています.

下記 URL を入力するか, QR コードより「音声無料ダウンロード&ストリーミング専用サイト」をご利用ください. 弊社 HP から『フランス語単語大全 DELF A1, A2 レベル対応[練習問題 806 題で広角化する]』を検索し,「音声無料ダウンロード & ストリーミング専用サイトはこちら」からも同ページにアクセスできます.

https://stream.e-surugadai.com/books/isbn978-4-411-00571-7/

有料で，別途 CD にしたものもご用意しています.
お近くの書店でご注文ください.

フランス語単語大全 DELF A1, A2 レベル対応
[練習問題 806 題で広角化する]（別売 CD：2 枚組）
定価（1600 円＋税）
978-4-411-10571-4

※音声無料ダウンロード・ストリーミングサービスは予告なく中止する場合があります.
　ご了承ください.

はじめに

Warm-up 導入単語

第1章　基本単語力

第2章　文法力

本書内で使用した略記号
[n] /n 名詞
[nm] / nm 男性名詞
[nf] / nf 女性名詞
pl 複数形
＊たとえば、nmplは「男性名詞複数」の意味.

vt 他動詞
vi 自動詞
vp 代名動詞

adj 形容詞
adv 副詞

qqn 人（＝ quelqu'un）
qqch モノ（＝ quelque chose）

複数の角度から基本単語・基本の言い回しを確認してまいります.
DELF A1 レベルが中心ですが, いとわずに少し歯ごたえのある単
語も使っています.

与えられた条件から外れるのはどれでしょうか.

<001-012>
解答・解説 ▶ p.120

001

「天気」と無関係な文を1つ選んでください.

❶ Il a commencé à pleuvoir. ❷ Il n'y a pas un souffle de vent.

❸ Il y a des embouteillages. ❹ Il y a du brouillard.

❺ Le ciel est couvert.

002

食べられないものを1つ選んでください.

❶ assiette de charcuterie ❷ assiette de crudités ❸ plat du jour

❹ plateau d'argent ❺ plateau de fruits de mer

003

フランスの都市でないのは次のうちどこでしょうか.

❶ Brest ❷ Lausanne ❸ Le Mans ❹ Montpellier ❺ Strasbourg

004

乗り物でないのは次のうちどれですか.

❶ funiculaire ❷ métro ❸ station de taxis ❹ tramway ❺ téléphérique

005

街中にないのは次のうちどれですか.

❶ avenue ❷ barrage de retenue ❸ feu rouge ❹ impasse ❺ trottoir

006

人の身体部でないものは次のうちどれですか.

❶ chausse-pied ❷ coude ❸ cuisse ❹ épaule ❺ mollet

007

顔にはない身体部は次のうちどれですか.

❶ bouche ❷ lèvre ❸ menton ❹ sourcil ❺ talon

008

内臓でないのは次のうちどれですか.

❶ cœur ❷ estomac ❸ fesses ❹ foie ❺ poumon

009

次の中で prendre が使えない言い回しを1つ選んでください.

❶ prendre de la soupe　❷ prendre du café　❸ prendre l'air

❹ prendre le métro　　❺ prendre trois jours de congé

010

次の中で日本語訳の意味にならない言い回しはどれか1つ選んでください.

❶ 川に飛び込む
plonger dans la rivière

❷ 患者の腹を押す
presser sur le ventre du malade

❸ エジプトでの滞在を予定している
prévoir un séjour en Égypte

❹ フランス語を正確に発音する
prononcer le français correctement

❺ 無罪を証明する
prouver son innocence

011

次の中で動詞にミスがあるものはどれか1つ選んでください.

❶ J'abandonne !

❷ L'actrice a été chaleureusement accueillie.

❸ La télé a annoncé les résultats du match.

❹ Mon mari a attaqué de front les difficultés.

❺ Ma femme a soudainement augmenté du poids.

012

次の中で間違っている言い回しはどれか1つ選んでください.

❶ 新しい端末を起動する
activer un nouvel appareil

❷ プリンターの電源を入れる
allumer une imprimante

❸ パソコンを起動する
démarrer un ordinateur

❹ ソフトをインストールする
installer un logiciel

❺ ファイルをダウンロードする
télégraphier un fichier

<013-015>

解答・解説 ▶ p.122

適語
適文選択

A, B の説明文から正しいものを選んでください.

013

A

① Marseille est dans le nord-ouest de la France.

② La Belgique est au sud de la France.

③ La Loire se jette dans l'Océan Atlantique.

④ Les Alpes se trouvent entre la France et l'Allemagne.

⑤ La Seine traverse la capitale de la France d'est en ouest.

014

B

⑥ Population de la France :

❶ 49 millions d'habitants　❷ 58 millions d'habitants

❸ 68 millions d'habitants　❹ 76 millions d'habitants

⑦ Parmi ces quatre villes, laquelle n'est pas un port ?

❶ Bordeaux　❷ Dijon　❸ Marseille　❹ Nantes

⑧ De ces quatre fleuves français, un seul coule vers le sud. Lequel ?

❶ La Garonne　❷ La Loire　❸ Le Rhône　❹ La Seine

⑨ Laquelle des quatre attractions touristiques suivantes n'est pas au centre de Paris ?

❶ l'Arc de Triomphe　❷ le Château de Versailles

❸ le Louvre　　　　　❹ le Palais de Chaillot

⑩ Parmi ces écrivains français, lequel est l'auteur de « L'Étranger » ?

❶ Albert Camus　❷ François Mauriac　❸ Gustave Flaubert

❹ Marcel Proust

| 選択問題 | 下記の①〜④の人物が注文するのにふさわしい料理は下記のメニュー・写真のどれか答えてください. |

① Moi, je vais prendre du poisson aujourd'hui.

② Comme tu sais, je suis végétarienne.

③ Je voudrais manger de la viande, mais je n'aime pas le porc.

④ J'aime les saucisses.

Andouille de Guémené
Coq au vin
Escargots à la Bourgogne
Saumon en papillote
Risotto aux légumes

下記に記した2つの単語や語句が対語（反対語）になっていない組み合わせを3つ選んでください.

<016>　　　　　　　　　　　　　　　　　　　　　　　　| 解答・解説 ▶ p.124 |

016

1. amour maternel / amour paternel

2. avoir une profonde sympathie / avoir une profonde antipathie

3. gagner le match / perdre le match

4. lac d'eau sucrée / lac d'eau salée

5. un lève-tôt / un lève-tard

6. métal précieux / métal ignoble

7. production de masse / consommation de masse

8. vie urbaine / vie rurale

9. un visa d'entrée / un visa de travail

10. la voix active / la voix passive

次々と繰り出される問いにあなたはどれだけ答えられるか.
単語力・文法力・表現力の現状の限界点を超えろ！

DELF A1 は「現在」が主軸で, A2 はそれに「複合過去」「半過去」「単純未来」を加えると大枠が設定されている動詞の時制の範囲, しばりにはこだわらず, 法と時制の幅については DELF B も視野に入れています. 設問も DELF の過去問に寄り添いながらも, あくまで単語力拡充, それに適した文法力育成という考えで作成しています. ちょっとしたことで挫けない, 揺るぎない単語力の拡充が本書の目標です.

（追記）日本のフランス語学習現場は「文法」面では海外のレベルより頭ひとつ抜けています. その意味で, 語学学習において「時制制限を設けてランク分け」するのは本来適当なあり方ではないと考えます.

001
Je suis [**célibataire / marié**] mais j'ai un e_____.

独身ですが子供が一人います．

002
Mes p_____ vivent à Paris [**depuis / il y a**] dix ans.

両親がパリで暮らして10年です．

003
Aujourd'hui, [**la température / l'humidité**] est de 28 d_____.

本日，気温は28度です．

004
Les champignons matsutake sont de s_____ [**au printemps / en automne**].

松茸は秋が旬です．

005
J'e_____ que [**ton travail / ton voyage**] en bus se passe bien.

あなたのバスの旅が順調でありますよう祈っています．

006
Mon frère est allé à la p_____ pour acheter des [**pièces commémoratives / timbres commémoratifs**] hier.

昨日，兄（弟）が記念切手を買いに郵便局に行きました．

007
Ma sœur se s_____ [**en chimie / en physique**] à l'université de Paris-Sud.

姉（妹）はパリ南大学（パリ第11大学）で物理を専攻しています．

008
Avant, mon fils préférait la [**campagne / compagne**] à la v_____.

以前，息子は都会よりも田舎が好きでした．

009
Pouvez-vous me rappeler en début de s_____ [**dernière / prochaine**] ?

週明けに折り返し電話をいただけますか？

010
Combien de f_____ par an allez-vous au [**cinéma / film**] ?

年に何回映画館に行きますか？

011 Le d_____ train à [**destination** / **partir**] de Bordeaux part à 22h30.
ボルドー行きの最終列車は22時30分発です。

012 Ma mère travaille à temps [**partiel** / **plein**] dans un s_____ trois fois par semaine.
母は週に3回パートタイムでスーパーで働いています。

013 C'est avec p_____ que nous acceptons votre [**invitation** / **visite**].
喜んでご招待をお受けいたします。

014 On dit que mon [**nombre** / **numéro**] de téléphone est f_____ à retenir.
私の電話番号は覚えやすいと言われます。

015 Ce nouveau [**commerce** / **produit**] est destiné aux f_____ de plus de 60 ans.
この新商品は60歳以上の女性に向けられたものです。

016 J'ai m_____ à la [**gorge** / **tête**] depuis le week-end dernier.
先週末からずっと喉が痛い。

017 Dans ce musée [**de peinture** / **de sculpture**], il est i_____ de prendre des photos.
この彫刻美術館では写真撮影は禁止です。

018 Ma v_____ n'est pas sortie du [**fauteuil** / **tapis**] roulant.
私のスーツケースが受け取りレーン（ベルトコンベアー）から出てきません。

019 Mesdames et m_____, nous vous souhaitons la b_____ à [**l'aéroport** / **l'avion**] de Narita.
皆様, 成田空港へようこそ。

020 Ma fille achète souvent des m_____ de [**mode** / **vêtements**].
娘はよくファッション誌を買います。

021

J'aimerais commander un gâteau [d'a_____], s'il vous plaît.

I would like to order a birthday cake, please.

022

Où sont les cabines [d'e_____] ?

Where are the fitting rooms?

023

Quelle est votre chanson [p_____] ?

What is your favorite song?

024

Quelle [c_____] pour le steak, Madame ?

How would you like your steak, ma'am?

025

Plus de la [m_____] des Français passent leurs vacances dans en France.

More than half of French people spend their holidays in France.

026

J'ai mangé du curry local pour le [d_____], alors je veux essayer autre chose pour le dîner.

I ate local curry for lunch so I want to try something else for dinner.

027

Chaque [s_____], 320 baguettes sont produites et consommées en France.

Every second, 320 baguettes are produced and consumed in France.

028

Les Français consomment environ 60 kilos de [v_____] par personne et par an.

The French consume about 60 kilos of meat per person per year.

029

L'heure de départ du TGV 6756 à [d_____] de Bordeaux sera retardée de 15 minutes.

The departure time of TGV 6756 bound for Bordeaux will be delayed by 15 minutes.

030

Partager sa voiture avec ses [v_____] : c'est ce qu'on appelle le covoiturage.

Sharing your car with your neighbours : this is called carpooling.

031

De quel type de bois est faite cette [c_____] ?

What type of wood is this chair made of?

032

Le [n_____] que vous avez appelé n'est plus en service.

The number you called is no longer in service.

033

Pouvez-vous taper sans regarder le [c_____] ?

Can you type without looking at the keyboard?

034

Cette carte de visite est imprimée sur du papier [r_____].

This business card is printed on recycled paper.

035

Le météorologue a prédit qu'il [p_____] aujourd'hui.

The meteorologist predicted that it will rain today.

036

Notre université a été fondée au [m_____] du XXe siècle.

Our university was founded in the middle of the 20th century.

037

À quelle heure ouvre cette [p_____] le lundi ?

What time does this pastry shop open on Mondays?

038

Vous pouvez nous envoyer votre lettre de [m_____] par retour ?

Can you send us your cover letter by return?

039

Le DELF A1 demande la [c_____] de parler de soi.

The DELF A1 requires the ability to talk about oneself.

040

Le DELF A2 demande si vous pouvez [e_____] votre opinion correctement.

The DELF A2 asks if you can express your opinion correctly.

空欄補充 [　　]に入る適当な語（語頭は示してある）を書き入れてください.

<041-090>　　　　　　　　　＊ディクテとしても活用できます.　　　　　　　　解答・解説 ▶ p.130

041 Mes parents habitent au cinquième [é＿＿＿＿＿].

042 [L'a＿＿＿＿＿] est la saison où les feuilles tombent des arbres.

043 Il y a 12 [m＿＿＿＿＿] dans une année.

044 Il y a 7 jours dans une [s＿＿＿＿＿].

045 Le 21 juillet 1969, pour la première fois, l'homme a marché sur la [l＿＿＿＿＿].

046 Je voudrais changer les [e＿＿＿＿＿] qui me restent en yens.

047 En général, on récolte le riz de mi-[s＿＿＿＿＿] à mi-octobre au Japon.

048 J'ai entendu un petit [b＿＿＿＿＿] ; c'était mon chat.

049 Les élèves ont écouté la chanson de l'école en [s＿＿＿＿＿] jusqu'à la fin.

050 Mon père met la [r＿＿＿＿＿] tous les jours à sept heures pour écouter les nouvelles.

051
[L'a_____] de ma femme est le 23 juillet 1984.

052
Quand il y a de la lumière d'un côté de la Terre, l'autre côté est
[s_____].

053
Les alligators ont de longues [q_____].

054
Mon grand-père a maintenant les cheveux tout [b_____].

055
Les voitures doivent s'arrêter aux [f_____] rouges.

056
Un [h_____] est un lieu où l'on soigne les malades.

057
L'Australie et la Nouvelle-Zélande ont beaucoup de [m_____].

058
La Terre tourne autour du [S_____].

059
Mon appartement est à [l'e_____] et le matin il y fait très clair.

060
La Bretagne se trouve à [l'o_____] de la France.

061
C'est la première [f_____] qu'elle est venue aux Philippines.

062
Il y a environ 1 000 [k_____] entre Paris et Marseille.

063
Le soleil est dans le [c_____] plus longtemps en mai qu'en mars.

064
Beaucoup de [p_____] traversent la Seine à Paris.

065
Les chats peuvent voir la [n_____].

066
Elle a mis un morceau de [s_____] dans son café.

067
Certaines personnes évitent le [c_____] 7, tandis que d'autres le considèrent comme porte-bonheur.

068
Il y a quatre [l_____] officielles à Singapour.

069
Il faisait si froid la nuit dernière que le lac était recouvert de [g_____].

070
Ma montre avance de cinq [m_____] chaque jour.

071
Paris est divisé en 20 [a_____].

072
La mer est plus amusante pour nager, mais la [p_____] en plein air est plus sûre.

073
En France, les voitures roulent à [d_____].

074
J'ai [s_____], je veux boire quelque chose.

075
Le drapeau français est [b_____], blanc et rouge.

076
Les [f_____] de cerisiers symbolisent le printemps au Japon.

077
Le Japon est un pays d'[î_____].

078
Le Vatican est le pays le moins [p_____] du monde.

079
Cet été a été terrible ; il a fait chaud et [h_____].

080
Kawabata Yasunari a reçu le [p_____] Nobel en 1968.

081

Le Bon Marché Gauche est le grand [m_____] préféré de ma femme.

082

Me voici à Chamonix au [p_____] du Mont-Blanc.

083

Le soleil s'est caché derrière les [n_____] noirs.

084

Tu vas prendre du potage à la crème sans [c_____] ?

085

Ils ont continué à courir en prenant comme point de repère la
[t_____] Eiffel.

086

Après le solstice d'hiver, les jours sont de plus en plus [l_____].

087

Je n'oublierai [j_____] votre bonté.

088

Bonne nuit, faites de [b_____] rêves.

089

Cette valise est trop [l_____] pour que je puisse la soulever.

090

L'orateur parlait si [v_____] que personne ne pouvait le comprendre.

091

ベッドでリラックスする ＿＿＿＿＿＿＿ sur le lit

092

ベッドに横になる ＿＿＿＿＿＿＿ sur un lit

093

濡れた服を乾かす ＿＿＿＿＿＿＿ les vêtements mouillés

094

ドアをノックする ＿＿＿＿＿＿＿ à la porte

095

家具を移動する ＿＿＿＿＿＿＿ des meubles

096

芝生を刈る ＿＿＿＿＿＿＿ la pelouse

097

ゴミ箱を空にする ＿＿＿＿＿＿＿ la poubelle

098

ゴミを拾う ＿＿＿＿＿＿＿ les ordures

099

ゴミを燃やす ＿＿＿＿＿＿＿ les déchets

100

コピー機を修理する ＿＿＿＿＿＿＿ un copieur [une photocopieuse]

| 解答・解説 ▶ p.136 |

101

偶然起こる　　　　_____ par accident

102

莫大な遺産を相続する　　　_____ d'une énorme fortune

103

ローマ時代に遡る　　　_____ à l'époque romaine

104

現実逃避する　　　_____ la réalité

105

突然笑いだす　　　_____ de rire

選択肢

s'allonger	arriver	brûler	se détendre
déplacer	éclater	frapper	fuir
hériter	ramasser	revenir	réparer
sécher	tondre	vider	

| 解答・解説 ▶ p.136 |

日常的に使われる四字熟語を簡明なフランス語に直してみました（一部, 諺そのものとして使われている言い回しもありますし, かなりの意訳もあります）. 106〜115のフランス語にふさわしい熟語を選択肢の中から選んでください. なお, 不要なものも含まれていますのでご注意ください.

06
Aucune formation académique requise.

07
Tous âges admis.

08
Tous les goûts sont dans la nature.

09
attendre avec impatience

10
consommation excessive d'alcool et de nourriture

11
être amoureux l'un de l'autre

12
la chance d'une vie

13
partager le même sort

14
tirer une leçon du passé

15
transmis de père en fils

選択肢

暴飲暴食	学歴不問	一期一会	一日千秋
一蓮托生	一子相伝	十人十色	年齢不問
温故知新	世代交代	切磋琢磨	相思相愛

次の空欄に入る適当な語句（形容詞・形容詞句）を選択肢から選んでください.

<116-125>

| 解答・解説 ▶ p.137 |

116		
☐☐	中古車	une voiture _____

117		
☐☐	故障車	une voiture _____

118		
☐☐	魅力的な人柄	une personne _____

119		
☐☐	有意義な経験	une expérience _____

120		
☐☐	致命的なミス	une erreur _____

121		
☐☐	体内時計	une horloge _____

122		
☐☐	滑走路上の飛行機	un avion _____

123		
☐☐	金の指輪	une bague _____

124		
☐☐	多国籍企業	une société _____

125		
☐☐	行方不明者	une personne _____

選択肢

attractive	biologique	disparue	d'occasion
en or	en panne	fatale	multinationale
significative	sur la piste		

次の文に続く語句として最も適当なものを選択肢a〜jから選び文を完成させてください. 🔊 音声あり 10

解答・解説 ▶ p.138

26 Beaucoup d'enfants apprennent à utiliser un ordinateur même

27 Colette écrit chaque jour

28 Denis ne peut pas conduire

29 Emilie a acheté un chapeau de paille

30 Il a jeté la lettre

31 Il est nécessaire de passer la douane

32 Il faudra courir

33 Il faut éteindre la lumière

34 Ils portent souvent des tee-shirts

35 Il y a une queue

選択肢

a. au guichet.
b. au lieu de chemises.
c. avant d'entrer à l'école.
d. avant de sortir.
e. à votre arrivée.
f. dans la corbeille à papier.
g. dans son journal.
h. pour attraper le dernier train.
i. pour se protéger du soleil.
j. sans lunettes.

136
☐
☐ Cet aéroport est

137
☐
☐ J'ai réussi à lui en parler

138
☐
☐ Je n'ai pas envie

139
☐
☐ L'Angleterre et la France sont séparées

140
☐
☐ La salle de bains est

141
☐
☐ Le soleil est sur le point

142
☐
☐ Ma tante va tous les étés

143
☐
☐ Mon père se sent faible

144
☐
☐ Nous utilisons une calculatrice

145
☐
☐ Un imperméable léger est idéal

選択肢
a. après sa maladie.
b. chez sa famille en France.
c. d'aller au cinéma ce soir.
d. de se coucher.
e. en haut.
f. loin de la ville.
g. par la Manche.
h. pour faire nos comptes.
i. pour voyager.
j. sans l'offenser.

146

Un Japonais arrive dans un hôtel de province en France.

Sur [**la porte** / **le pont**] de l'hôtel il [**écrit** / **lit**] :

« Ici on parle toutes les langues ».

Il essaye de parler au directeur en japonais, en anglais, et en allemand.

[**Pas de réponse** / **Pas encore**]. Il demande alors en français :

— Qui donc parle ici toutes les langues ?

Le directeur de l'hôtel répond [**rarement** / **tranquillement**] :

— Ce sont les [**clients** / **invités**].

47

La valeur d'un diamant, comme toute autre pierre précieuse, dépend

de [**sa matière première** / **sa qualité** / **son pays producteur**]

et de sa taille, et il va sans dire que certains diamants sont hors de

[**prix** / **saison** / **service**]. Il y a même un diamant bleu dont on dit qu'ils

portent malheur à ceux qui les possèdent. Il s'appelle [**calmement** /

ironiquement / **naturellement**] "Hope Diamond".

148

こんにちは, 私はニコラと言います. スイス人で, ローザンヌの出身です. ジュネーブ大学の経済学部の学生です. 水泳が好きです. 日本が大好きで, 1年間日本語を勉強しています. 日本人女性のペンフレンドを探しています.

Bonjour, je _____ Nicolas. Je suis suisse, je _____ de Lausanne.

Je suis étudiant en économie à l'université de Genève. J'aime la natation.

J'_____ le Japon, alors j'_____ le japonais depuis un an. Je

_____ une correspondante japonaise.

語群　**adorer**　**chercher**　**étudier**　**s'appeler**　**venir**

149

商店街がもうすぐ消えると言えば言い過ぎでしょうか. いくつかのオンライン小売業者は, 購入ボタンを押してから数分以内に無人ドローンが消費者の玄関口に商品を届けるシステムを開発しています. 無人輸送業界の夜明けが近づいています.

Est-il exagéré de dire que les rues commerçantes _____ bientôt

disparaître ? Plusieurs détaillants en ligne _____ des systèmes

dans lesquels des drones sans pilote _____ des produits à la porte

d'un consommateur quelques minutes après avoir appuyé sur le bouton

d'achat. L'aube de l'industrie du transport sans humain _____ à

grands pas.

語群　**aller**　**approcher**　**développer**　**livrer**

仲間はずれの単語（あるいはその単語を含む語句）を ❶〜❹ から1つ選んでください.

0-169 >

解答・解説 ▶ p.141

50

色

❶ cheveux blancs ❷ grand bâtiment ❸ café noir ❹ feu vert

51

飲み物

❶ boire de la bière ❷ boire de l'eau ❸ prendre du thé
❹ prendre un médicament

52

月名

❶ en avril ❷ au mois de décembre ❸ au clair de la lune
❹ à la fin d'octobre

53

病院

❶ cabinet de consultation ❷ installer les canalisations ❸ salle d'opération
❹ prendre sa température

54

自動車

❶ freiner brusquement ❷ rouler à toute vitesse ❸ se garer sur le parking
❹ vivre dans un fauteuil roulant

55

着脱

❶ enlever son chapeau ❷ porter un foulard ❸ ranger un tiroir
❹ s'habiller chaudement

56

味覚

❶ chocolat amer ❷ cuisine locale ❸ plat épicé ❹ vin doux

57

カトリック

❶ être athée ❷ recevoir le baptême ❸ mourir sans confession
❹ aller à la messe

58

職業

❶ agent de police ❷ charpentier de marine ❸ fonctionnaire d'État
❹ pilote automatique

59

カフェ

❶ chocolat chaud ❷ décaféiné ❸ jus de fruit ❹ mousse coiffante

| 解答・解説 ▶ p.142 |

160
animaux de la ferme
❶ cochon ❷ dinde ❸ girafe ❹ vache

161
animaux marins
❶ baleine ❷ dauphin ❸ otarie ❹ rossignol

162
insectes
❶ abeille ❷ fourmi ❸ mouche ❹ serpent

163
l'univers
❶ astre ❷ cascade ❸ comète ❹ galaxie

164
phénomènes climatiques inhabituels
❶ arc-en-ciel ❷ goutte de pluie ❸ orage ❹ éclair

165
vêtements de nuit
❶ nuisette ❷ pyjama ❸ robe de chambre ❹ perruque

166
accord
❶ concorder ❷ rapprocher ❸ refuser ❹ s'accorder

167
tenir et garder
❶ céder ❷ conserver ❸ détenir ❹ maintenir

168
paresseux(se)
❶ fainéant(e) ❷ flemmard(e) ❸ indifférent(e) ❹ indolent(e)

169
horreur et effroi
❶ affreux(se) ❷ effroyable ❸ horrible ❹ vigoureux(se)

ジャンル別基本単語力チェック問題
A, Bに共通に入る身体部（器官）を答えてください.

| 解答・解説 ▶ p.143 |

70

A : Mon fils se couchait sur le ＿＿＿＿＿＿.

B : L'escargot a une coquille sur le ＿＿＿＿＿＿.

71

A : Nous avons des ongles au bout des ＿＿＿＿＿＿s.

B : Le ＿＿＿＿＿＿ est une partie de la main.

72

A : Nous entendons avec nos ＿＿＿＿＿＿.

B : L'âne a de longues ＿＿＿＿＿＿.

73

A : Nos jambes se plient au ＿＿＿＿＿＿.

B : Elle a pris l'enfant sur ses ＿＿＿＿＿＿x.

74

A : Je respire par le ＿＿＿＿＿＿.

B : Je sens avec mon ＿＿＿＿＿＿.

75

A : Nous voyons avec nos ＿＿＿＿＿＿.

B : Mon chat noir a les ＿＿＿＿＿＿ bleus.

76

A : Je vais à la fac à ＿＿＿＿＿＿.

B : Mes parents vivent au ＿＿＿＿＿＿ du Mont Fuji.

77

A : Elle portait un foulard autour de la ＿＿＿＿＿＿.

B : Mon oncle est à la ＿＿＿＿＿＿ d'une entreprise.

78

A : Ne parle pas la ＿＿＿＿＿＿ pleine !

B : J'en ai l'eau à la ＿＿＿＿＿＿.

79

A : J'ai serré la ＿＿＿＿＿＿ de ma tante en signe de réconciliation.

B : Tu t'es lavé(e) les ＿＿＿＿＿＿s ?

180
A : On fait le _____ avec de la farine de blé.
B : Le _____ et le beurre ont bon goût.

181
A : La sauce à la _____ se marie bien avec ce plat.
B : J'ai mangé des saucisses avec de la _____ de Dijon.

182
A : La souris aime manger du _____.
B : En France, on mange du _____ à la fin du repas.

183
A : L'odeur du _____ me fait éternuer.
B : Mon père a les cheveux _____ et sel.

184
A : Le _____ pousse dans un sol humide.
B : Le _____ est l'aliment de base des Japonais.

185
A : Une tasse de _____, ça réveille le matin.
B : Tu aimes le _____ expresso ?

186
A : Ma petite fille adore la douceur du _____.
B : Où irons-nous pour notre lune de _____ ?

187
A : Cette nuit on voit un _____.
B : Au petit déjeuner, j'ai mangé des _____s.

188
A : J'ai acheté une brique de _____ au supermarché hier.
B : Vous désirez du sucre, du _____ ?

189
A : La cérémonie du _____ japonaise met l'accent sur l'étiquette.
B : Le _____ oolong se marie bien avec la cuisine chinoise.

ジャンル別基本単語力チェック問題
適当な職業を入れてください.

0-199 >

| 解答・解説 ▶ p.146 |

90

Le travail principal d'un [a_____] est de défendre quelqu'un devant un tribunal.

91

Beaucoup de garçons rêvent d'être [p_____] assis dans le cockpit.

92

Les [p_____] sont les premiers à se précipiter sur les lieux de l'incendie.

93

La gestion du sommeil est difficile pour les [c_____] de taxi.

94

Il n'est pas exagéré de dire que la réputation d'un [c_____] est déterminée par le succès ou l'échec d'une opération.

95

Les [a_____] escaladant les montagnes hivernales sont toujours en danger.

96

En un sens, [l'a_____] peut être appelé l'auteur de la maison ou du bâtiment.

97

Les [i_____] jouent un rôle important dans l'accompagnement des patients et des médecins.

98

Certains [p_____], tels que Van Gogh et Modigliani, ont acquis une renommée posthume.

99

Il y a des [p_____] aveugles qui sont connus pour leurs touches de clavier qui touchent le cœur du public.

< 200-209 >

解答・解説 ▶ p.148

200
On attend le métro [**à l'arrêt de bus, sur la voie, sur le quai**].

201
[**La poussette, Le chariot de supermarché, Le vélo électrique**] a un moteur.

202
Le TGV veut dire : [**Train à Grande Valeur, Train à Grande Ville, Train à Grande Vitesse**].

203
Monter dans un avion s'appelle « [**atterrir, décoller, embarquer**] »

204
Les passagers et l'équipage doivent [**attacher, détacher, vérifier**] leurs ceintures de sécurité avant le décollage.

205
À l'exception de certaines sections, [**le métro, le monorail, le piéton**] passe sous terre.

206
Il n'y a pas de passagers dans [**le train express, le train hors service, le train omnibus**].

207
Bien sûr, [**le scooter, le taxi, le tramway**] est un type de transport en commun.

208
Avant de restituer le véhicule, vous devez faire [**la moitié du chemin, le ménage, le plein**].

209
[**Un corbillard, Un camion de pompier, Une ambulance**] est un véhicule qui aide les personnes tombées subitement malades.

ジャンル別基本単語力チェック問題

問題 8

適語選択

210〜214（3択）の"商店では売っていない商品"あるいは"不適切な店主"を, 215〜219（2択）は"適切な店"を答えてください.

0-219 >

| 解答・解説 ▶ p.149 |

10

Le boulanger vend [des croissants, du pain, du poisson].

11

L'épicier vend [de l'huile d'olive, des conserves, des journaux].

12

J'ai acheté [des aubergines, des jouets, des poivrons verts] chez le primeur.

13

J'ai acheté [des chrysanthèmes, des couleurs à l'huile, un pot de fleurs] chez un fleuriste.

14

Les [bouchers, charcutiers, jardiniers] vendent de la viande.

15

Je vais [à la blanchisserie / à la boucherie] pour faire laver mes draps.

16

J'ai acheté du thon frais [chez un poissonnier / dans un salon de coiffure] local.

17

Je veux acheter du camembert, je vais [au pressing / au supermarché].

18

J'irai [à la pâtisserie / dans un magasin de jouets] avec ma fille pour acheter des cartes à jouer.

19

J'ai fait peindre mes ongles de manière colorée [au gymnase / à l'institut de beauté].

220

Pauline a mis _____ de peur de se faire reconnaître.
❶ du parfum　❷ sa chambre en ordre　❸ ses chaussures
❹ ses lunettes de soleil

221

C'est le dernier train _____ Londres.
❶ à condition de　❷ à destination de　❸ à proportion de　❹ à propos de

222

L'examinateur joue _____ d'un réceptionniste d'hôtel.
❶ aux cartes　❷ la finale　❸ le rôle　❹ l'indifférence

223

Ma fille utilise le plus souvent son smartphone pour aller _____.
❶ à l'école　❷ à son travail　❸ chez le coiffeur　❹ sur Internet

224

Où étiez-vous _____ ?
❶ comme tout　❷ heure par heure　❸ tout à l'heure　❹ tout de suite

225

Combien de fois par mois allez-vous faire _____ en moyenne ?
❶ de la fièvre　❷ du bruit　❸ du shopping　❹ une fortune

226

Votre collègue vous laisse un message sur votre _____.
❶ aspirateur　❷ four à micro-ondes　❸ imprimante
❹ répondeur téléphonique

227

Ma mère a une peau _____ qui rougit dès qu'elle s'expose au soleil.
❶ douce ❷ malade ❸ sale ❹ sensible

228

Mon patron est tellement _____ en informatique qu'il ne connaît pas la signification du double-clic.
❶ expert ❷ novice ❸ riche ❹ stérile

229

Pour chaque tranche de 10€ dépensés, vous recevrez 1 point sur votre carte _____.
❶ de fidélité ❷ de séjour ❸ de visite ❹ des vins

230

De manière générale, quelles sont les qualités qui vous donneront un avantage lors d'un _____ ?
❶ bureau d'embauche ❷ bureau de vote ❸ entretien d'embauche
❹ entretien des routes

231

_____ est un bateau fluvial qui peut être construit ou transformé pour servir d'hôtel ou d'autre type d'hébergement.
❶ Une péniche ❷ Un paquebot ❸ Un pétrolier
❹ Un vaisseau de guerre

232

La France est un grand pays agricole, _____ représentant environ 20% de l'UE.
❶ sa consommation ❷ sa demande ❸ sa production
❹ son coût de la vie

233

Une grande quantité de données est stockée sur _____.
❶ la souris ❷ le disque dur ❸ le clavier ❹ le pavé numérique

234

_____ est paraphrasé comme monter à cheval, et une personne qui monte à cheval s'appelle un cavalier (une cavalière).
❶ Faire de l'équitation ❷ Faire du patinage ❸ Jouer au billard
❹ Jouer aux courses

235

Elle vient _____ dans son nouveau studio à Lyon.
❶ de déménager ❷ d'emménager ❸ de relocaliser ❹ d'immigrer

236

Est-ce que vous travaillez _____ en utilisant Zoom ou quelque chose ?
❶ à domicile ❷ à tout prix ❸ en désordre ❹ en surface

237

Quel est le problème, mon ordinateur ne _____ pas.
❶ démarre ❷ imprime ❸ initialise ❹ télécommande

238

Quelle est la _____ du T.G.V. ?
❶ durée déterminée ❷ durée du travail ❸ vitesse de pointe
❹ vitesse du vent

239

Bonjour, je voudrais aller à la cathédrale de Chartres. Pourriez-vous m'indiquer _____ ?
❶ la situation ❷ le processus ❸ le progrès ❹ l'itinéraire

問題
20

[   ]内の語句で文意が成立するものをすべて（1つとは限らない）選んでください.

< 240-259 >

解答・解説 ▶ p.154

240

J'aime bien jouer [au golf / au jogging / au ski].

241

Mon père joue [à cache-cache / 100 euros sur ce cheval / du patinage à roulettes / du piano].

242

Gabrielle s'est remariée avec Jean qui avait déjà un fils, Noah. Noah est le [beau-fils / fils unique / petit-fils] de Gabrielle.

243

Michelle est [quelqu'un de très gentil / quelqu'une de très gentille / quelqu'un de gentillesse / quelqu'une de gentillesse].

244

J'ai gagné [des kilos / du temps / ma vie / un premier prix].

245

Elle a pris [du bénévolat / son petit-déjeuner / une douche / un secrétaire].

246

J'ai payé mes factures [par chèque / par douzaines / par la force / par prélèvement].

247

Elle [allume / chauffe / range / réforme] le salon.

248

Il pleut [à torrents / averse / des cordons / par intermittence].

249

À la fin de l'automne, il y a souvent [de la brume / des gelées / des bruits / du brouillard].

250

Ma mère est [**maniable** / **maniaque**] dans ses rangements.

251

Il va [**mettre** / **porter** / **s'habiller**] une cravate violette à la fête.

252

Elles sont françaises, d'origine [**immigrée** / **italienne** / **protestante**].

253

Il fait [**dix degrés** / **du soleil** / **pluie fine** / **temps de se lever**] ce matin.

254

N'oubliez pas de prendre [**de l'essence** / **des médicaments** / **du pain** / **l'air**].

255

Ma femme n'a pas dit [**en français** / **la vérité** / **son avis** / **un mot**] en public.

256

Marie passe [**du temps** / **l'aspirateur** / **le sol** / **son bac**].

257

Le ministre a donné [**une discussion** / **une interview** / **un conseil** / **un mensonge**] dans son bureau.

258

Elle a battu [**le clavier de l'ordinateur** / **le record du monde** / **les cartes** / **son mari**].

259

Ils [**concentrent** / **parlent** / **rient** / **somnolent**] en classe.

下記のそれぞれ4つの選択肢のなかで, 正しくない言い回しを1つ選んでください.

0-269 >

| 解答・解説 ▶ p.157 |

60
❶ se brosser les dents ❷ se laver les mains
❸ se mettre à coudes ❹ se tordre le pied

61
❶ aller prendre un café ❷ bouillir du café
❸ faire du thé ❹ préparer un bon thé

62
❶ déjeuner au restaurant ❷ manger entre les repas
❸ manger le dîner ❹ préparer le petit déjeuner

63
❶ changer les draps ❷ nettoyer les toilettes
❸ passer ses mouchoirs ❹ rincer la lessive

64
❶ Ma tante va aux Pays-Bas l'année prochaine.
❷ Ma secrétaire vient du Maroc.
❸ Mon oncle a vécu en Irak pendant trois ans.
❹ Mon voisin vient de la Chine.

下記の設問に答えてください.

65

たとえば, atome「原子」→ atomique「原子の」, science「科学」→ scientifique「科学の」
のように, 接尾辞 < -ique「〜の, 〜に関する」> を添えて"名詞から形容詞"が作れる語が
たくさんある. 次の5つの語のうちそうならない単語はどれか答えてください.

❶ art ❷ Asie ❸ bête ❹ diplomatie ❺ folklore

66

以下の5つは頻度を表す副詞ですが, 高頻度を表す順に並べてください.

❶ de temps en temps ❷ fréquemment ❸ quelquefois
❹ rarement ❺ souvent

| 解答・解説 ▶ p.158 |

下記の設問に答えてください.

267

通常, レストランで<u>客が使わない言い回し</u>はどれですか.

❶ Ce n'est pas ce que j'ai commandé.

❷ Excusez-moi, j'ai fait tomber ma cuillère ...

❸ Monsieur, je vais prendre le menu à 45 euros.

❹ Qu'est-ce que vous avez comme vins blancs ?

❺ Qu'est-ce qui vous ferait plaisir, Monsieur ?

268

通常, 買い物の際に<u>客が使わない言い回し</u>はどれですか.

❶ C'est juste à ma taille.

❷ En ce moment, il y a des prix très intéressants.

❸ Je regarde seulement.

❹ Où est le rayon chaussures, s'il vous plaît ?

❺ Vous faites des soldes, en ce moment ?

269

通常, 観光の際に<u>客が使わない言い回し</u>はどれですか.

❶ Est-ce qu'il y a une boutique de souvenirs près d'ici ?

❷ Est-ce qu'on peut prendre des photos ?

❸ Je suis heureux que tu sois guéri(e).

❹ Je voudrais un guide qui parle anglais.

❺ On met combien de temps, en taxi ?

単語力も鍛える基本会話表現チェック
次の一言はどこで使われるものか. 適当な場所を選択肢から選んでください.

0-279 >

解答・解説 ▶ p.159

70
Est-ce que le kilométrage est limité ?

71
Est-ce que le niveau A2 est trop élevé pour moi ?

72
Est-ce que vous auriez des conserves de bœuf ?

73
J'aimerais avoir mes affaires, s'il vous plaît.

74
Je voudrais me faire réveiller à cinq heures et demie.

75
Je voudrais prendre rendez-vous pour un nettoyage de peau.

76
Comment ça se prépare, Monsieur ?

77
Quelles montures avez-vous à me proposer ?

78
Qu'est-ce que vous avez comme journaux anglais ?

79
Voulez-vous me réparer ce talon, s'il vous plaît ?

選択肢

AGENCE DE LOCATION DE VOITURES   CONSIGNE

CORDONNERIE   ÉCOLE DE LANGUES

ÉPICERIE   INSTITUT DE BEAUTÉ

KIOSQUE   OPTICIEN

POISSONNERIE   SERVICE D'ÉTAGE

次の文への応答として適当な返事を選択肢 A ～ J から選んでください.

< 280-299 >

解答・解説 ▶ p.160

280 ☐☐ Salut, Floriane, quoi de neuf ?

281 ☐☐ Comment vont les affaires ?

282 ☐☐ Quelle surprise de vous voir ici !

283 ☐☐ Bon, je dois partir.

284 ☐☐ C'était agréable de parler avec toi, Morgan.

285 ☐☐ Nous sommes-nous déjà rencontrés auparavant ?

286 ☐☐ Est-ce que quelqu'un est assis ici ?

287 ☐☐ Pourriez-vous me faire de la place ?

288 ☐☐ Avez-vous une préférence quant à votre siège ?

289 ☐☐ Excusez-moi, mais je pense que vous êtes assis à ma place.

選択肢

A - Déjà ? Quel dommage !
B - Je ne peux pas me plaindre.
C - Non, allez-y.
D - Non, je ne pense pas.
E - Oui, bien sûr.
F - Oui, j'aimerais avoir un siège près de la fenêtre.
G - Oui, que le monde est petit !
H - Pas grand chose.
I - Pour moi aussi. Au revoir.
J - Vraiment ? Oh, j'en suis désolé.

90 Il fait beau et chaud, n'est-ce pas ?

91 À quelle fréquence dois-je le prendre ?

92 Nous sommes perdus. Pouvez-vous nous aider ?

93 Pardonnez-moi, savez-vous où se trouve la mairie ?

94 Qu'est-ce que vous pensez de celui-ci ?

95 Voulez-vous encore du gâteau ?

96 Combien de temps se conserve ce gâteau ?

97 J'aimerais retourner ceci, s'il vous plaît.

98 Comment est le curry ? ou Quel goût a le curry ?

99 Jean et Pascale se marient le mois prochain.

選択肢

A - C'est un peu simple pour ma fille. L'avez-vous dans une couleur différente ?

B - C'est vrai ? C'est une nouvelle pour moi.

C - D'accord. Avez-vous le reçu ?

D - Désolé, je ne sais pas. Je ne suis pas d'ici non plus.

E - Eh bien, c'est un peu trop épicé pour moi.

F - Environ deux ou trois jours si vous le conservez au réfrigérateur.

G - J'espère que ça va continuer comme ça.

H - Non merci. J'en ai déjà trop mangé.

I - Où est-ce que vous allez ?

J - Prenez un comprimé trois fois par jour, après chaque repas.

300 Elle m'a dit merci.

301 J'ai eu une crevaison.

302 J'ai mal au côté depuis cinq jours.

303 J'étais très occupée pendant le voyage.

304 Je peux vous voir un instant ?

305 Maman, j'ai causé longuement avec mes amis au café.

306 Où est-ce que tu as mal ?

307 Où est la poste ?

308 Qu'est-ce qui t'arrive ?

309 Tu pourrais aller étudier au Canada ?

選択肢

A - À ta place, j'irais chez le médecin.
B - Au pouce.
C - Ce n'est pas une raison pour rentrer tard !
D - C'est tout, après tout ce que tu as fait pour elle !
E - De l'autre côté de la rue.
F - Et alors, qu'est-ce que tu as fait ?
G - Excusez-moi, mais je suis pressé(e) …
H - J'ai glissé dans les escaliers.
I - J'aimerais bien …
J - Tu aurais pu tout de même m'écrire une carte postale.

10
1

Est-ce que vous faites du sport ?
a. Oui, mon passe-temps est de regarder le football à la télévision.
b. Non, très peu. Je fais du jogging une fois par mois.

10
2

Qu'est-ce que vous aimez comme sports d'hiver ?
a. Le ski. Je suis allée faire du ski à Chamonix le mois dernier.
b. L'hiver est ma saison préférée.

10
3

Qu'est-ce que vous aimiez faire quand vous étiez au collège ?
a. J'aimais jouer au tennis avec mes amis.
b. Je n'aimais pas faire du sport.

11
1

Est-ce que vous mangez entre les repas ?
a. Oui, je fais trois repas par jour.
b. Oui, je mange du gâteau vers 16 heures presque tous les jours.

11
2

Que voulez-vous prendre, Monsieur-dame ?
a. Prenez le couloir de correspondance, direction Neuilly.
b. Une bière pour moi et un panaché pour elle, s'il vous plaît.

11
3

Quels sont les plats les plus populaires au Japon ?
a. Les Japonais aiment aussi la cuisine chinoise.
b. Les Japonais aiment bien les sushis ou les tempura par exemple.

312
-1

Est-ce que vous enseignez à l'université ?
a. Oui, j'enseigne l'économie depuis environ cinq ans.
b. Oui, je travaille à la Faculté de commerce.

☐
☐

312
-2

Qu'est-ce que vous faites dans la vie ?
a. Je suis journaliste.
b. Je vais à la piscine.

☐
☐

312
-3

Qui est-ce ?
a. C'est Vincent Crochon. C'est un acteur français.
b. Il est célibataire depuis longtemps.

☐
☐

313
-1

D'habitude, tu te réveilles à quelle heure ?
a. J'ai mis le réveil à 6 heures et demie.
b. Je me réveille à 6 heures et quart.

☐
☐

313
-2

Avez-vous une chambre simple avec salle de bain ?
a. Oui, c'est 165 euros. C'est seulement pour une nuit ?
b. Non, notre hôtel dispose de 30 chambres au total.

☐
☐

313
-3

Nous sommes le combien ?
a. Nous sommes le 2 février.
b. Nous sommes en automne.

☐
☐

N'êtes-vous pas français ?
a. Oui, nous venons de France. Et vous ?
b. Non, nous sommes suisses. Et vous ?

Pourquoi apprenez-vous le français ?
a. Parce que j'étais très fatigué(e).
b. Pour parler avec des francophones.

On parle anglais en Belgique ?
a. Oui, je vais vous raconter mon voyage en Belgique.
b. Non, on ne le parle pas. Les Wallons parlent le français et les
   Flamands parlent le néerlandais.

Quand révisez-vous vos cours ?
a. En général, je révise à la bibliothèque.
b. En général, je révise le soir.

Quelle est votre spécialité universitaire ?
a. Moi, je suis étudiante en sciences humaines.
b. C'est hors de ma spécialité.

Est-ce qu'elle étudie la psychologie ?
a. Si, elle étudie la psychologie.
b. Non, elle étudie la sociologie.

316
-1

Quel est le manga que tu aimes le plus ?
a. Celui que j'aime le plus, c'est One piece d'Eiichiro Oda.
b. Il y a environ 20 ans, j'ai travaillé avec Osamu Tezuka.

316
-2

À quoi vous intéressez-vous le plus ?
a. Je m'intéresse surtout au cinéma et aux arts martiaux.
b. Non, ça ne m'intéresse pas.

316
-3

Comment vas-tu passer ce week-end ?
a. J'ai passé deux jours dans le chalet de mon ami.
b. Je vais rester à la maison à ne rien faire.

317
-1

À votre avis, pourquoi les Asiatiques viennent travailler au Japon ?
a. La plupart d'entre eux sont au chômage.
b. Parce qu'il n'y avait pas de travail chez eux.

317
-2

D'après vous, le Japon aura trouvé une solution à son problème d'énergie d'ici 10 ans ?
a. Oui, comme vous voulez.
b. Non, je ne le pense pas.

317
-3

Et si chaque pays d'Europe avait accepté plus d'immigrés ?
a. Je pense qu'il y aurait eu encore plus de chômage.
b. Je pense que vous avez tort.

Excusez-moi, Monsieur l'agent, où est l'arrêt de bus ?
a. Attention, le feu est rouge !
b. C'est là-bas, en face du bureau de poste.

Michelle, voici Pierre. C'est mon ami.
a. Salut Pierre, je suis Michelle. Ravie de te rencontrer.
b. Pardon, vous n'êtes pas Michelle ?

Comment est-ce que je vous coiffe ?
a. Faites-moi une coupe ordinaire.
b. Je suis allée au salon de coiffure il y a trois jours.

C'est bien le bus pour aller au centre-ville ?
a. Oui, c'est ça.
b. Oui, il y a de la place ce soir.

Où est la station de taxis ?
a. C'est pour un échange.
b. De l'autre côté de la rue, là-bas.

C'est combien, pour Strasbourg ?
a. C'est 21 euros.
b. Numéro 13.

< 320-324 >

解答・解説 ▶ p.168

320

A : Comment sont tes cours de français, Ken ?

B : Eh bien, mes notes sont bonnes, mais j'aimerais mieux parler français.

A : Avez-vous déjà pensé à étudier en France ?

B : ❶ Oui, j'aimerais étudier à Paris.

❷ Oui, je réussis bien mes tests de français.

❸ Oui, je vais t'aider avec tes devoirs.

321

A : Tu prends le métro pour aller travailler ?

B : Non. Je vais au travail à vélo. C'est un bon exercice, et je peux économiser de l'argent.

A : N'es-tu pas fatigué quand tu arrives au bureau ?

B : ❶ Eh bien, environ 30 minutes.

❷ Ouais, je finis le travail vers 19h.

❸ Pas vraiment. Ce n'est pas si loin.

322

A : Avez-vous apprécié votre dîner, monsieur ?

B : Oui. J'ai beaucoup aimé le mouton grillé.

A : Merci. C'est notre plat le plus populaire.

B : ❶ D'accord, apportez-le maintenant.

❷ N'oubliez pas de l'emporter avec vous.

❸ Si c'est possible, j'aimerais en avoir à nouveau un jour.

A : Bienvenue, Pierre. Comment s'est passé ton voyage en Mongolie ?

B : Pas si bien, en fait. J'y ai attrapé un gros rhume.

A : Oh non. Tu vas mieux maintenant ?

B : ❶ Oui, je partirai avant-demain.

❷ Oui, je vais parfaitement bien.

❸ Oui, j'y suis allé trois fois.

A : Salut, Maria. Tu cherches un emploi à temps partiel, n'est-ce pas ?

B : Oui, mais je n'ai encore rien trouvé.

A : Le fleuriste où je travaille cherche quelqu'un, ça t'intéresse ?

B : ❶ Oui, bien sûr, j'aimerais travailler.

❷ Oui, j'ai fait de mon mieux pour vous.

❸ Non, j'ai déjà un travail au café.

次の文はどのような状況にふさわしいか, 選択肢a〜jから適当な説明を選ん
でください.

< 325-334 >

解答・解説 ▶ p.169

325
Quel est le plat du jour ?

326
N'oubliez pas de prendre votre maillot.

327
Si tu es d'accord, à 17 heures devant le stade.

328
Mes parents vont souvent à l'opéra.

329
C'est combien par nuit ?

330
Ma fille a commencé à faire du piano il y a deux ans.

331
Je vous le passe.

332
J'habite 17, rue de Pascal.

333
D'accord, je vous envoie quelqu'un tout de suite.

334
Il semble qu'il va pleuvoir, tu ne trouves pas ?

a. demander à un [une] réceptionniste
b. donner son adresse
c. exprimer la durée
d. fixer un rendez-vous
e. indiquer la fréquence d'une activité
f. parler du temps
g. poser une question à un serveur [une serveuse] du restaurant
h. rappeler à *qqn* de faire à *qqch*
i. répondre à une demande
j. répondre au téléphone

第2章 DELF A レベル　基礎文法力チェック問題

文法力と単語力はフランス語力を測る明確な指標になります．ちなみに「会話力」チェックなら，初見の文章が一定のペースでよどみなく読めるか否かで概ね判定が可能です．

チェック導入問題①〜⑤

あなたの現在の文法力をチェックする問題です。80%程度の正解が導けるなら A2レベルの文法力はあります。

| 解答・解説 ▶ p.171 |

① 下記の動詞の中で, 直説法現在の活用形語尾が -er 動詞（第1群規則動詞）と同じものはどれか答えてください。

choisir　courir　ouvrir　pouvoir　sentir

② 次の動詞の過去分詞形には共通点があります。さて, どんな点でしょうか。

boire　croire　falloir　pleuvoir　savoir

③ (　　　)内の動詞を適当な法と時制に活用してください。

1. Hier, ma grand-mère (**avoir**) 100 ans.

2. Si je (**parler**) mieux français, j'aurais moins de problèmes.

3. Je ne crois pas qu'elle (**dire**) la vérité.

4. Deux lunes (**orbiter**) autour de Mars.

5. (**Passer**)-moi le sel, s'il te plaît.

④ 下記の語群から空欄に入る適当な動詞を選び直説法現在に活用してください。

adorer　chercher　étudier　s'appeler　venir

Bonjour, je _____ Nicolas. Je suis suisse, je _____ de Lausanne.

Je suis étudiant en économie à l'université de Genève. J'aime la natation !

J'_____ le Japon, alors j'_____ le japonais depuis un an.

Je _____ une correspondante japonaise.

⑤ 下記の❶～❿の文の中で8つに間違いがあります（2つは正しい文）.
それを訂正してください.

❶ Rose mange le pain avec de la confiture.

❷ Anna s'est levé vers six heures ce matin.

❸ C'est Louise qui court la plus vite dans notre classe.

❹ Pendant six mois, Léon travaillait dans la boulangerie de son oncle.

❺ Adam a monté l'escalier en courant.

❻ Pense à fermer la porte à clé, s'il vous plaît.

❼ On me croit un avocat.

❽ Gaspard cherche la secrétaire qu'il ait rencontrée hier soir.

❾ On entend chanter Floriane.

❿ Denis a reçu une lettre. Il va la répondre.

練習問題
29

適語選択

基礎の文法力を確認する60題
必須文法・語法を確認するための二者択一問題
適当な語句を[　　]から選んでください.

🔊 音声あり 15

<001-010>　　　＊全文, 音源を収録しましたのでディクテとしても活用できます. | 解答・解説 ▶ p.174 |

001

うちの庭に犬がいた.
Il y avait **[un chien / le chien]** dans notre jardin.

002

お金で幸福は買えない（作らない）.
L'argent ne fait pas **[le bonheur / un bonheur]**.

003

時は金なり.
Le temps, c'est **[de l'argent / l'argent]**.

004

ボトルにもうワインはないのですか.
Il n'y a plus **[de / du]** vin dans la bouteille ?

005

おじはこの界隈で大きなスーパー（複数の店舗）を経営している.
Mon oncle tient **[de / des]** grands supermarchés dans ce quartier.

006

クロエは青い目をしている.
Chloé a **[des / les]** yeux bleus.

007

Emmaは母親が快方に向かっていて嬉しい.
Emma est **[heureuse / heureux]** que sa mère **[aille / va]** mieux.

008

松の木の枝にきれいな鳥が一羽とまっている.
Il y a un **[beau / bel]** oiseau sur la branche du pin.

009

孫娘は新品の服を着ていた.
Ma petite-fille portait un **[habit neuf / nouveau habit]**.

010

今, あの通勤途中の事故について話しています.
Nous parlons maintenant de **[cet accident de trajet / cet accident du travail]**.

空欄補充 | 必須文法・語法を確認するための空欄補充問題
空欄に適当な語句を入れてください（ただし1語とは限りません）.

-020>
解答・解説 ▶ p.175

11

興味がある問題は自分の将来に関することです.
Le problème qui m'intéresse, c'est _____ de mon avenir.

12

明晰ならざるものフランス語にあらず.
_____ n'est pas clair n'est pas français.

13

彼(彼女)の祖父と祖母は2人だけで旅行をするには年をとりすぎている.
_____ grand-père et _____ grand-mère sont trop vieux pour voyager seuls.

14

これはあなたの傘ですか. はい, 私のです.
— C'est votre parapluie ?   — Oui, c'est le _____.

15

貧しい人たちには彼らの苦しみがあり, 金持ちにも彼らなりの苦しみがある.
Les pauvres ont leurs peines et les riches ont aussi les _____.

16

あなたの携帯電話の番号は何番ですか.
_____ est votre numéro de portable ?

17

彼女は何階に住んでいますか.
À _____ habite-t-elle ?

18

誰を待っているのですか.
_____ vous attendez ?

19

何を見ているのですか.
_____ vous regardez ?

20

君の奥さんはいつ戻ってくるの.
Ta femme reviendra _____ ?

必須文法・語法を確認するための整序問題（設問の性質上，文頭に置かれる語句も小文字で表記しています）.

021

ふだんどこに買い物に行くのですか.

[allez-vous, faire, où, habituellement] les courses ?

022

エッフェル塔の上からで何枚写真を撮りましたか.

[prises, photos, combien de, avez-vous] du haut de la tour Eiffel ?

023

私の兄（弟）と親しげに会話する女性をご存じですか.

Connaissez-vous [qui, avec, la dame, s'entretient, familièrement] mon frère ?

024

駅前であなたが出会った若い娘さんはルネの姪です.

La jeune [que, vous, fille, devant, avez rencontrée] la gare est la nièce de René.

025

君には当てにできる友だちがいますか.

Tu as [tu, des, qui, sur, amis] peux compter ?

026

私には父親が弁護士をしている同僚がいます.

J'ai un [le, est, dont, père, avocat, collègue].

027

彼らが話題にしている推理小説をもう読みましたか.

Avez-vous déjà lu le [ils, dont, roman, parlent, policier] ?

028

そこは父親が幼年時代を過ごした漁村です.

C'est le village [a passé, mon père, de, où, pêcheurs] son enfance.

029

それは彼女の念頭にまったくなかった問題だ.

C'est un problème [pas, elle, du tout, auquel, n'avait] pensé.

030

かわいい人形を持ってるね. ママに買ってもらったの.

Tu as une jolie poupée. C'est ta [l'a, te, qui, maman, achetée] ?

81

あなたが駅で盗まれたのはこのバッグですか.

C'est ce [à, sac, vous, qu'on, a volé] la gare ?

82

彼はフランス西部の村で生まれ, かれこれ50年そこでずっと暮らしています.

Il est né dans un village de l'ouest de la France et il [y, de, vit, près, depuis] 50 ans.

83

兄 (弟) はバイクを売って別なバイクを買った.

Mon frère a vendu sa moto [en, une, pour, autre, acheter].

84

うちの支配人は自分で頭がいいと思っているが, まったくそうではない.

Notre gérante se croit intelligente, mais elle [du, ne, pas, tout, l'est].

85

地球は太陽の周りを回る惑星です.

La Terre [autour du, qui, est, tourne, une planète] Soleil.

86

祖母は茶室でアコーデオンをひいている.

Ma grand-mère [dans, de l'accordéon, joue, le salon] de thé.

87

あの部族はいつからこのジャングルに定住しているのですか.

[s'est-elle, cette, quand, tribu, depuis] installée dans cette jungle ?

88

半年間, 私はアジアのたくさんの国々を訪れました.

Pendant six mois, [de, j'ai, pays, visité, beaucoup] d'Asie.

89

彼女が生まれた町はなんという名前ですか.

Comment s'appelle [où, est, elle, la ville, née] ?

90

今朝何時に起きたか覚えていません.

Je ne me souviens plus [levé(e), à, je, quelle heure, me suis] ce matin.

必須文法・語法を確認するための選択問題
041〜050の文に続けて意味が通るものを選択肢a〜jのなかから選んでください.

< 041-050 > | 解答・解説 ▶ p.178 |

041 ☐☐ Quand j'étais enfant,

042 ☐☐ Je prenais une douche

043 ☐☐ Quand ils sont arrivés à la gare,

044 ☐☐ Quand j'aurai achevé ce travail,

045 ☐☐ S'il ne pleut pas demain,

046 ☐☐ Si j'avais du temps,

047 ☐☐ Si vous aviez parlé plus lentement et plus fort,

048 ☐☐ Ma femme ne dit rien

049 ☐☐ Étant malade,

050 ☐☐ Le printemps revenu,

選択肢

a. elle n'est pas venue à la fête de bienvenue hier soir.

b. en sachant la vérité.

c. j'allais à la pêche dans la rivière tous les dimanches.

d. j'irai chez ma tante qui habite à Rennes.

e. j'irais plus souvent au cinéma.

f. je sortirai pour rendre visite à une amie.

g. le dernier train était déjà parti.

h. mon grand-père vous aurait compris.

i. quand le facteur a sonné chez moi.

j. tout renaît.

空欄補充

必須文法・語法を確認するための空所補充問題
＊なお，空所に動詞の活用形が入るケースは不定詞を（　）で示しています.

-060 >

解答・解説 ▶ p.180

ジャドは来年結婚します (se marier).
Jade _____ l'année prochaine

パリに着いたら私に電話をください (téléphoner).
Quand vous arriverez à Paris, vous me _____.

アランは1週間後にこの論文を終えているでしょう (finir).
Alan _____ cet article dans une semaine.

これはサンスクリット語 (梵語) と同じぐらい難解な言語だ.
C'est une langue _____ que le sanscrit.

ブダペストは私が知っているもっとも美しい都市のひとつだ.
Budapest est _____ belles villes que je connaisse.

息子にはあなたがおっしゃるほどの才能はありません.
Mon fils n'a pas _____ talent que vous le dites.

今年の夏は雨が多い (pleuvoir).
_____ beaucoup cet été.

まだ頭が痛いなら, この薬を飲むといいよ (valoir).
Si tu as encore mal à la tête, il _____ prendre ce médicament.

一言あなたに言いたいのですが (vouloir).
Je _____ vous dire un mot.

このあたりを散歩しませんか (faire).
Si nous _____ une promenade par ici ?

061

和訳を参考にしながら [   ] 内の動詞を適当な法と時制に活用してください.

私の名前は田中小太郎です. 2002年に静岡県熱海市で生まれました. 私が7歳のとき
に, 家族で東京に引っ越しをしました. 今も, そこで暮らしています. 家族は5人で, 両親,
妹(姉), 弟(兄), それに私です.

Je [**s'appeler**] TANAKA Kotaro. Je [**naître**] dans la ville d'Atami, dans
le département de Shizuoka, en 2002. Quand j'[**avoir**] sept ans, ma
famille [**déménager**] à Tokyo, où nous [**vivre**] toujours. Il y a cinq
personnes dans ma famille : mes parents, ma sœur, mon frère, et moi.

062

「起床から家を出るまでの平日のルーティーン」を時間軸に沿って記した文の空所に, 語
群から適当な動詞を選んで直説法現在で活用してください.

語群　**aller　boire　écouter　lire　manger　partir　prendre
se réveiller**

Je _____ tous les jours à 6 h 30.

Je _____ mon petit déjeuner.

Presque tous les matins, je _____ du pain avec du beurre, et je
_____ un café au lait.

En écoutant la radio, je _____ le journal.

Je _____ chez moi à 8 h 20 et je _____ au bureau.

1. 空欄に入る形容詞を語群から選び, 場合に応じて適当な形に直して答えてください.
2. 下線部 (1) と (2) を文意が通じるよう正しい順に並べ替えてください.

Mon professeur _____ est un petit homme étrange, et pourtant il est tout ce qu'on peut espérer d'un homme à sa place. Il porte des lunettes, les manches de son manteau marron clair sont un peu _____, et **(1) [assez soigné / bien qu'il / dans / soit / son apparence]**, il y a une boucle de cheveux grisonnants juste au-dessus de son front qui dépasse toujours un peu.

Parfois, il semble assez _____ quand il entre en classe, mais il est toujours capable de sourire.

Au moment où il a fini de donner son cours, ses vêtements ont des taches de craie ici et là, et **(2) [aussi soignés / l'étaient / ne sont pas / qu'ils / ses cheveux]**, mais son _____ sourire est toujours sur ses lèvres.

En classe, il n'a eu l'air vraiment _____ qu'une seule fois. C'était la semaine dernière, quand il a rendu nos examens de fin de trimestre.

語群　**court　doux　fatigué　préféré　triste**

第3章 表現力を整理するディクテ問題

解答・解説 ▶ p.183

音源から流れてくる一言を次の文が流れてくる前に，1度目は間を空けずに2度反復して
ください．2度目はディクテ感覚で書き取ってください．

● 1語

① _____ ! ② _____ ! ③ _____ !

④ _____ ! ⑤ _____ . ⑥ _____ .

⑦ _____ . ⑧ _____ ? ⑨ _____ !

⑩ _____ . ⑪ _____ . ⑫ _____

⑬ _____ ? ⑭ _____ . ⑮ _____ !

● 2語

① _____ . ② _____ .

③ _____ . ④ _____ ?

⑤ _____ ! ⑥ _____ !

⑦ _____ . ⑧ _____ .

⑨ _____ . ⑩ _____ .

⑪ _____ . ⑫ _____ .

⑬ _____ . ⑭ _____ .

⑮ _____ ? ⑯ _____ !

⑰ _____ ! ⑱ _____ !

⑲ _____ ! ⑳ _____ !

㉑ _____ ! ㉒ _____ !

㉓ _____ ! ㉔ _____ !

㉕ _____ ! ㉖ _____ !

㉗ _____ ! ㉘ _____ !

㉙ _____ . ㉚ _____ ?

㉛ _____ ?

065

● 自分のことを言う

① _____ .　② _____ .

③ _____ .　④ _____ .

⑤ _____ .　⑥ _____ .

⑦ _____ .　⑧ _____ .

⑨ _____ .　⑩ _____ .

⑪ _____ .　⑫ _____ .

⑬ _____ .　⑭ _____ .

⑮ _____ .　⑯ _____ .

⑰ _____ .　⑱ _____ .

● c'est / ça

① _____ .　② _____ .

③ _____ .　④ _____ .

⑤ _____ ! ⑥ _____ .

⑦ _____ . ⑧ _____ .

⑨ _____ . ⑩ _____ .

⑪ _____ . ⑫ _____ ?

⑬ _____ ? ⑭ _____ !

⑮ _____ ? ⑯ _____ .

⑰ _____ . ⑱ _____ .

⑲ _____ . ⑳ _____ .

㉑ _____ . ㉒ _____ .

㉓ _____ ? ㉔ _____ ?

㉕ _____ . ㉖ _____ ?

㉗ _____ . ㉘ _____ .

基本単語の聴覚と聴覚での確認：写真を見て答えてください．

① 以下の001〜024の写真の内容と合っているものを音源の3つの選択肢の中から〔1〕つ選び出してください．音声はそれぞれ2度流れます．

② 025〜035は3枚の写真と流れてくる3つの音声がそれぞれの写真の適切な内容説明になるように並べ替えてください．音声はそれぞれ2度流れます．

| 解答・解説 ▶ p.187 |

019 ( )

020 ( )

021
1F 2F
K
LD
chambre
chambre
( )

022 ( )

023 ( )

024 ( )

025 ( ) ( ) ( )

026 ( ) ( ) ( )

27
( )　　( )　　( )

28
( )　　( )　　( )

29
( )　　( )　　( )

30
( )　　( )　　( )

31
( )　　( )　　( )

032 ( ) ( ) ( )

033 ( ) ( ) ( )

034 ( ) ( ) ( )

035 ( ) ( ) ( )

解答・解説 ▶ p.190

ディクテは単語力を育て, 耳を鍛えます. そんなディクテの基本のツボを以下の問題で確認しておきましょう.

音源を聴いて, 空欄を埋めてください

86

Ma mère _____ et _____ de campagne.

87

Hier, j'ai acheté des _____, deux _____ et trois _____

dans _____.

88

Mon fils a _____ et _____ .

89

Comme elle est gourmande, elle a mangé _____

_____.

90

Le week-end dernier, nos filles_____. Elles _____

par la quantité _____.

91

_____ veulent voir la vieille dame de

fer située _____.

* la vieille dame de fer = la tour Eiffel

92

Le tireur _____ de son arc et _____ pour viser la cible.

26の必須表現パターンを軸にした和訳付き（一部単語付き）の変則ディクテにチャレンジ
あなたの耳を鍛えます（なお, 仏作文としても利用できます）. あいうえお順のミニ表現集
にもなっています.

◇ 日常会話を意識したため非人称主語などを除いて主語は主に je / vous を用いました.

◇ パターン指示は原則として直説法現在形にしてありますが, 応用例文には別の時制を使っているケース
　があります.

<1> ありがとう

Merci de ＋ [名詞／ inf.].　（～に対して／～してくれて）ありがとう

Merci pour の形はうしろに名詞を置く（現在では慣用表現でない限りpourを用いるケース
が多い）. ただし,（×）Merci pour ＋ inf. の形は用いない.

043

ご親切（gentillesse [nf]）にありがとうございます.

044

励ましていただいて（encourager）ありがとうございます.

<2> ありますか

Il y a ... ?　～はありますか

所在や交通機関の有無などを尋ねるときに.

Vous avez ... ?　～はありますか

店の商品の在庫状況や時間があるかを尋ねたり, ホテルの部屋を確認するときなどに.

045

近くに薬局（pharmacie [nf]）はありますか？

046

（店で）さくらんぼ（cerise [nf]）のタルトはありますか？

<3> いかがですか

Vous voulez ＋[名詞／ inf.]？ （〜は／〜するのは）いかがですか

相手に飲み物などを勧めたり, あるいは動作を促す言いまわしとして.

Si on allait ＋ inf.？ （一緒に〜するのは）いかがですか

47

もう少しコーヒーはいかがですか?

48

ご一緒にお昼 (déjeuner) でもいかがですか?

<4> いきたい

Je voudrais aller ＋[à ＋場所／ inf.]. （〜に／〜しに）行きたい

Je voudrais y aller ＋前置詞＋乗物. （目的の場所が決まっていて）〜で行きたい

49

ショッピング (shopping [nm]) に行きたい

50

2階建バス (bus à impériale [nm]) で行きたい

<5> いくらですか

名詞, c'est combien？ 〜はいくらですか

Quel est ＋名詞（金銭を表す語）…？ 〜の値段（料金など）はいくらですか

le prix「値段」, le tarif「(乗車)料金」といった単語とともに用いる.

51

マルセイユまで片道いくらですか?

＊「マルセイユまでの往復」なら un aller retour pour Marseille といった言い方をする.

052

この水玉の（à pois）ワンピースの値段はいくらですか？

＜6＞ いけない

Il ne faut pas ＋ inf..　（禁止）〜してはいけない

053

そんなにスピードを出してはいけない.

＜7＞ いつ

名詞, c'est quand ?　〜はいつですか　　＊これはかなり砕けた言い回し.
En quelle année ... ?　〜はいつ（何年）ですか
Depuis combien de temps [Depuis quand] ... ?　いつから〜してますか

054

あなたの結婚記念日はいつですか？

055

あなたの祖父はいつ生まれましたか（何年生まれですか）？

056

いつからフランス語を勉強していますか（apprendre）？

<8> うれしい

Je suis heureux(se) de + inf..　～して嬉しい

J'espère que S + V(直説法).　（～だと／～してもらえると）嬉しいのだが

57

お目にかかれて嬉しいです.

58

うまくいくと嬉しいのですが.

<9> おねがいします

名詞〔前置詞＋名詞／命令文〕, s'il vous plaît.　（～を・まで・へ）お願いします

Je voudrais + [名詞／inf.] (, s'il vous plaît).　（～を・で）お願いします

59

（タクシーで住所を書いた紙などを見せながら）この住所までお願いします.

60

この手紙を書留 (recommandé [nm]) でお願いします.

<10> （人に頼み事をする際に）ください (cf. <19>)

名詞〔命令文〕, s'il vous plaît.　（～を・～して）ください

Pouvez-vous [Pourriez-vous] + inf. ?　～してください

61

塩をとってください.

62

荷物を預かって (garder) いただけますか?

| 解答・解説 ▶ p.194

<11> ごぞんじですか

Vous connaissez ... ? / Vous savez ... ?　～をご存じですか

一般に「名詞」を知っているという文脈ならconnaître が使われ, 不定詞 (「～できる」の意味合い) や que, si などの節が置かれると savoir が使われる.

063

この界隈でおいしいレストランをご存じですか?

064

彼が重病だということをご存じですか?

<12> してもいいですか

Est-ce que je peux + inf. ?　～してもいいですか

「～することができますか?」が直訳.「失礼ですが～ですか?」のニュアンスが入る.

065

あなたに質問してもいいですか?

066

ウエストサイズ (tour de taille [nm]) をうかがってもいいですか?

<13> していただけますか

Pourriez-vous + inf. ?　～していただけますか

067

あなたのケータイの番号を教えていただけますか?

<14> しなくてはならない

Il faut ＋[inf. / que S ＋ V（接続法）].　～しなくてはならない

Je dois ＋ inf..　～しなくてはならない

68

すみません, そろそろ失礼しなくては（quitter）なりません.

69

ブザンソンで列車を乗り換えなくてはなりませんか?

<15> しましょう

Je peux ＋ inf. ?　～しましょうか

Laissez-moi ＋ inf..　～しましょう（してさしあげましょう）

相手に何かをしてあげようとするときに.

70

お手伝いしましょうか?

71

スーツケースをお持ちしましょう（porter）.

<16> すみません

Excusez-moi de ＋ inf..　～してすみません　わびる際に.

Je regrette de ne pas ＋ inf..　～しなくて（できなくて）すみません
相手の依頼・要求に応えられないときに.

Merci（beaucoup）de ＋ [名詞／inf.] ／ pour ＋名詞.　　（～で／～して）すみません
お礼を口にする際の「すみません」＝「ありがとう」.

72

突然（sans prévenir）お邪魔してすみません.

073

お役に立てなくてすみません.

074

駅まで送っていただいてすみません.

<17> だれ

Qui est-ce, ... ?　〜は誰ですか

Quel [Quelle] est votre ... préféré(e) ?　あなたの好きな〜は誰ですか

075

あなたの右側にいるご婦人 (dame [nf]) は誰ですか?

076

あなたの好きな映画女優は誰ですか?

<18> できる

pouvoir　(可能) 外的な条件が整い, 今ここで可能であること. 注文でも使う.

savoir　(能力) 生来, あるいは学習によりできること. 人が主語.

arriver à + inf.　(目的・水準に) 達することができる. 何とかうまくいく.

077

ハムエッグ (œufs au jambon [nmpl]) はできますか?

078

私は3つの外国語を話すことができます.

079

どうしてもこの問題を解くことができない.

<19> どうぞ

... , je vous en prie.　どうぞ〜なさってください／〜をどうぞ

相手の頼み（あるいは頼んでいると思われる状況）を前に動作・物品を勧めるときに.

なお<〜 , s'il vous plaît. >は人に頼み事をしたり, 勧めたりするときに「(どうぞ)〜してください」
の意味で使われる.（→<10>）

30

どうぞ楽にしてください.

<20> どうやって, どうすれば

Comment est-ce que je peux + inf. ?　どうやって (どうすれば)〜できるのですか

31

サイトで注文するにはどうすればいいですか?

<21> どこ・どちら

Où est-ce que S + V ?　どこに (へ・で)〜ですか

Lequel [Laquelle, Lesquels, Lesquelles] (de +名詞) ... ?　どちらが〜ですか

32

その派手な (voyant(e) [adj]) ネクタイはどこで買いましたか?

33

この2つの部屋のどちらがよろしい (préférer) でしょうか?

| 解答・解説 ▶ p.197

<22> どのくらい

S + V + combien ?　(数量・値段をたずねて)〜はどのくらい

084

（時間）あなたの職場までどれくらいかかりますか?

085

（費用）どのくらいかかりますか?

<23> どんな種類の

Quel genre de + [無冠詞名詞] ... ?

086

どんな種類の映画が好きですか?

<24> なぜ（どうして）

Pourquoi ... ?　なぜ（どうして）〜ですか
Qu'est-ce qui vous + V ... ?　なぜ（どうして）〜ですか

087

なぜそんなに眠いのですか?

088

なぜこの職業（profession [nf]）を選んだのですか?

<25> なんですか

Qu'est-ce que c'est , ～?　　～は何ですか

Quel (Quelle) est ＋ S ? / Quels (Quelles) sont ＋ S ?　　～は何ですか

あの巨大な (immense [nf]) 建物は何ですか?

趣味は何ですか?

<26> みせてください, みせていただけますか

Montrez-moi ... , s'il vous plaît.　　～を見せてください

展示されている品を手に取りたいとき, とくに衣服を選ぶ際に使われる.

Est-ce que je peux voir [regarder]... ?　　～を見せていただけますか

メニューや資料などを請求するときの言い方. 一般には voir を使うが, カタログやパンフレットなど中身を詳しく「見る」ものを請求する際には regarder が用いられる.

ショーウィンドウに陳列されているあの黄色いバッグを見せてください.

使用説明書を見せていただけますか?

093

Demandez au fleuriste de faire un bouquet pour la fête des mères.
N'oubliez pas de lui indiquer votre budget à ce moment-là.

▶ Pour un budget de 150 euros, _____

_____, s'il vous plaît.

094

Avez-vous un instrument préféré ? Expliquez pourquoi, s'il vous plaît.

▶ J'aime le violon. _____

_____ quel que soit le genre.

095

Vous avez oublié votre smartphone au café. Veuillez en informer le
serveur.

▶ _____ ?
J'étais ici _____,
je crois que _____ ...

096

Que faire cet été ? Vous en discutez avec vos amis, qui ont des projets
eux aussi. Comment les persuadez-vous ?

▶ _____. J'ai gagné un

voyage pendant un concours organisé par l'office du tourisme corse,

et _____

Qui veut venir ?

Vous êtes invité(e) à une fête samedi soir. Cependant, vous ne pouvez pas y aller en raison d'une urgence. Comment refusez-vous ?

▶ _____. Ce jour coïncide avec l'opération soudaine de ma mère, et je veux l'accompagner. _____.

Dites où vous voudriez aller ce week-end. Qu'est-ce que vous aimeriez faire ?

▶ _____ parce que mon travail est terminé. Cependant, _____ _____, donc Hakone est mieux. Bien sûr, _____ _____ à l'auberge.

099

(1) ①～⑧の音源を聴いて下記のA～Hのどの内容と合致するか答えてください.

① [   ]   ② [   ]   ③ [   ]   ④ [   ]

⑤ [   ]   ⑥ [   ]   ⑦ [   ]   ⑧ [   ]

A カード会社からのお願い

B 機内挨拶

C 気に入っている場所

D 言葉の解説

E 選手と金

F フランス語学習の歩み

G ホテルのフロントで

H 幼少期の記憶

100

(2) もう一度同じ音源を聴いて, 下記の設問にフランス語で答えてください.

① La personne qui fait cette annonce est-elle le capitaine ?

_____

② Où le réceptionniste vous a-t-il dit d'attendre ?

_____

③ Quand votre carte arrivera-t-elle ?

_____

④ Cette personne est-elle à Nice maintenant ?

_____

⑤ Que dit-il qu'il n'aime pas ?

_____

⑥ Dans quelle direction cette chambre est-elle orientée ?

_____

⑦ Est-ce que cette personne dit que l'argent que gagnent les athlètes est raisonnable ?

_____

⑧ La phrase « le ciel est la limite » est-elle négative ou positive ?

_____

第4章　筆記試験や会話で自分のことを表現するための
礎石の見直しと読解力を支える単語力拡充問題

読解力を支える単語力と常識度をチェックする問題
次の質問に Oui. か Non. で答えてください.

< 001-020 >

| 解答・解説 ▶ p.204 |

001

Montréal est-elle la capitale du Canada ?

002

La population totale du Japon dépasse-t-elle les 100 millions d'habitants ?

003

Paris est-elle la ville la plus densément peuplée de France ?

004

Est-ce Blaise Pascal qui a dit : « Je pense, donc je suis » ?

005

L'antonyme de « confondre les jumeaux » est-il de « distinguer les jumeaux » ?

006

« Mieux » est-il le comparatif supérieur de « bon » ?

007

« Profit » est-il l'opposé de « cause » ?

008

Un dentiste est-il un médecin qui soigne la gorge ?

009

L'escargot est-il considéré comme l'un des trois plus grands délices du monde ?

010

Un mètre équivaut-il à cent centimètres ?

L'huile d'olive est-elle essentielle en cuisine italienne ?

Le couscous est-il un plat chinois ?

« Pilote automatique » est-il un terme utilisé par les pilotes de F1 ?

Est-ce qu'on utilise « À vos souhaits » pour s'adresser à la personne qui a applaudi ?

« Merde ! » est-il également utilisé comme interjection d'émerveillement dans la conversation ?

La « vie urbaine » est-elle à l'opposé de la « vie rurale » ?

Le « langage sauvage » est-il l'opposé du « langage naturel » ?

Y a-t-il au total 23 arrondissements à Paris ?

Le mot japonais « relation chien-singe » devient-il « chien et chat » en français ?

Mangez-vous habituellement du salami bouilli ?

次の説明文にVraiかFauxで答えてください.

<021-070>
解答・解説 ▶ p.205

021
Mon neveu est une femme.

022
Kyoto est située au nord de Tokyo.

023
La plus haute montagne d'Europe est le Mont Blanc.

024
Une infirmière est toujours de garde au salon de beauté.

025
La gare la plus proche se trouve généralement à plusieurs kilomètres de votre position actuelle.

026
Le toit est toujours plus grand que le premier étage.

027
Même dans les zones désertiques, la température ne dépasse jamais les 40 degrés.

028
Une rivière qui se jette dans la mer s'appelle un fleuve.

029
Le vent fort est la principale cause des inondations.

030
Tous les techniciens en radiologie sont des fonctionnaires.

La moitié des membres de la Diète japonaise sont des femmes.

La France fait face à l'océan Pacifique.

Isaac Newton est un célèbre archéologue.

Van Gogh a peint un tableau intitulé « Les Nénuphars ».

Une personne qui parle couramment l'anglais, le français et le japonais est dite bilingue.

Nantes est située près de l'embouchure de la Loire.

Le Japon a été isolé du reste du monde pendant plus de 200 ans.

Il n'y a pas de volcans actifs sur la grande île d'Hawaï.

Les humains sont classés comme herbivores.

La trompette est un instrument à vent.

| 解答・解説 ▶ p.207 |

041

Les fêtes scolaires au Japon ont souvent lieu en mars.

042

La diarrhée est un problème de l'oreille.

043

Les librairies sont des endroits où vous pouvez emprunter des livres.

044

Le volley-ball et le basket-ball sont des sports où les personnes de grande taille ont un avantage.

045

Un ballon est utilisé lors d'un match de football.

046

Les gardiens de but sont essentiels aux performances musicales.

047

Personne n'est tout-puissant.

048

Les spaghettis se mangent généralement à la cuillère.

049

Le directeur de l'université s'appelle le vice-président.

050

Le frère aîné de mon père est pour moi un parent au troisième degré.

51

Les aurores polaires ne sont pas visibles dans l'hémisphère sud.

52

La France dépend de l'énergie solaire pour environ 50% de son électricité.

53

Les trains omnibus s'arrêtent à toutes les gares le long du parcours.

54

Les chauffeurs de taxi sont appelés rédacteurs.

55

Un cadeau fantaisie est indispensable pour des funérailles.

56

Les vêtements de deuil sont résolument blancs dans tous les pays.

57

Un prêtre catholique ne peut pas se marier.

58

L'obésité est un symbole de santé.

59

Les habitudes canines font référence aux habitudes des chiens.

60

Les sentiments nostalgiques font référence à un désir d'expériences passées.

061

La littérature est aussi appelée la « mère du savoir ».

062

La physique est une discipline scientifique typique.

063

Les échangeurs sont souvent situés dans des ruelles étroites.

064

De nombreuses personnes boivent des protéines pour développer leurs muscles.

065

On dit que la cloche sonne 108 fois le soir du Nouvel An au Japon parce que c'est le même nombre d'instincts humains.

066

Simone Veil a joué un rôle déterminant dans la légalisation de l'avortement.

067

Orléans est située au nord-ouest de Paris.

068

Une période de 10 ans est appelée une « décennie ».

069

Le zoo de Vincennes est un célèbre jardin botanique de Paris.

070

Jean-Paul Sartre est une figure représentative du symbolisme.

適語選択 枠内の説明（語釈）に該当する単語を選んでください.
＊少し背伸びした単語も交えて.

<080>

71

objectif de la plupart des athlètes olympiques :
[médaille d'or, métal rare, métamorphose]

72

Livre essentiel pour les avocats :
[dictionnaire d'étymologie, encyclopédie, les six codes]

73

personne qui étudie les plantes :
[biochimiste, biologiste, botaniste]

74

un événement de pentathlon moderne :
[escrime, lancer du poids, tennis de table]

75

l'élément le plus lourd trouvé dans la nature :
[titane, uranium, vanadium]

76

étude des maladies :
[antipathie, pathologie, télépathie]

77

montre précise :
[anachronisme, chronologie, chronomètre]

078

étude de l'ascendance familiale :
[**généalogie, génocide, géométrie**]

☐
☐

079

science de l'hérédité :
[**génétique, orthopédie, pédagogie**]

☐
☐

080

datant de la naissance :
[**congénital, invétéré, psychosocial**]

☐
☐

81 _____ vous avez tort.

あなたは間違っていると思う.

82 _____ votre grand-père est toujours en vie.

お祖父(じい)さまはまだ生きておいでだと推測しています.

83 _____ avec vous sur ce point.

この点ではあなたに同意します.

84 _____ avec lui sur ce sujet.

私はこの件に関して彼と意見が違う.

85 _____ la grève réussira.

ストが成功するとは思わない(ストは成功しないと思う).

86 _____ être plus jeune.

もっと若かったらな.

87 _____ ma mère guérira bientôt.

母がすぐよくなってくれればと思う.

88 _____ être avocat.

弁護士になりたかった.

89 _____ sortir aujourd'hui.

今日は外出したくない.

90 _____ une bonne santé.

私は健康に恵まれています.

選択肢

a. J'aimerais

b. J'espère que

c. Je n'ai pas envie de

d. Je ne suis pas d'accord

e. Je ne pense pas que

f. Je pense que

g. Je présume que

h. Je profite d'

i. Je suis d'accord

j. Je voulais

和訳を参考にして空欄に入る適当な語句を選択肢から選んでください.
＊仮に他と併用可能でも同じ選択肢は2度使わないこと.

🔊 音声あり 4

<091-100>

解答・解説 ▶ p.212

091 _____ il (ne) pleuve ce soir.
今晩は雨が降るのではないかと思う.

092 _____ beaucoup au français.
フランス語に大変興味がある.

093 _____ la santé d'un(une) proche.
親友の健康が心配です.

094 _____ vivre avec toi.
いっしょに暮らせてとても幸せです.

095 _____ ma nouvelle voiture.
私は新車に満足しています.

096 _____ vous voir.
お会いできて嬉しいです.

097 _____ cette nouvelle.
そのニュースに驚いた.

098 _____ sa malhonnêteté.
彼 (彼女) の不誠実には腹がたちます.

099 _____ résultat de l'examen.
試験の結果にはがっかりした.

100 _____ mon succès.
自らの成功を確信しています.

選択肢

a. J'ai été déçu(e) du
b. J'ai peur qu'
c. Je m'inquiète pour
d. Je m'intéresse
e. Je suis mécontent(e) de

f. Je suis ravi(e) de
g. Je suis satisfait(e) de
h. Je suis sûr(e) de
i. Je suis surpris(e) de
j. Je suis très heureux(se) de

和訳を参考にして空欄に入る適当な語句を選択肢から選んでください.
＊仮に他と併用可能でも同じ選択肢は2度使わないこと.　🔊 音声あり 46

解答・解説 ▶ p.213

1 _____, ce professeur est une personne gentille, mais il ne le montre pas toujours.

基本的にあの先生はいい人ですが, いつもそれを表に出すわけではありません.

2 _____, je préfère le vin blanc.

個人的には白ワインのほうが好きです.

3 _____, je ne peux plus vivre avec ta mère.

正直に言うと, もう君のお母さんと一緒に暮らすことはできません.

4 _____, les gens disent que je suis assez colérique.

本当のことを言えば, 私はかなり気性が荒いと言われます.

5 _____, ce n'est pas un philosophe.

厳密に言えば, 彼は哲学者ではない.

6 _____, elle a l'air très gentille.

見た感じでは, 彼女はとても親切そうです.

7 _____, ce sera possible.

論理的には可能でしょう.

8 _____, je n'ai été que légèrement blessé.

幸いにも軽傷ですみました.

9 _____, mon père a été hospitalisé après ma mère.

不幸なことに, 母親に次いで父親も入院することになった.

10 _____, mon patron me hait.

一言で言えば（要するに）, 主任は私を嫌っている.

選択肢

a. À proprement parler
b. Au fond
c. À vrai dire
d. Bref
e. En apparence

f. En théorie
g. Heureusement
h. Honnêtement
i. Malheureusement
j. Personnellement

<111-120>

解答・解説 ▶ p.214

---

111 _____, il a rejeté l'offre.

最終的には, 彼はその申し出を断った.

---

112 _____, ma fille a du talent.

その上, 娘には才能がある.

---

113 _____, il a commencé à neiger.

実際, 雪が降り出した.

---

114 _____, je me lève à cinq heures du matin.

普通, 私は朝5時起きです.

---

115 _____, cette musique est trop commerciale.

率直に言うと, この音楽はあまりに商業的です.

---

116 _____, ma tante est trop sévère avec ses enfants.

彼(彼女)に言わせれば, 私のおばは子供たちに厳しすぎる.

---

117 _____, votre patron est comme Hitler.

比喩的に言えば, あなたの上司はまるでヒトラーですね.

---

118 _____, personne ne viendra demain.

そうしないと明日誰も来ないよ.

---

119 _____, prévenez-moi.

やむを得ない場合はあらかじめ知らせてください.

---

120 _____, il n'est pas plus avancé qu'hier.

詰まるところ, 彼は昨日より少しも進んでいない.

選択肢

a. À son gré
b. Au besoin
c. Au bout du compte
d. Autrement
e. De manière générale
f. En effet
g. Finalement
h. En outre
i. Franchement
j. Métaphoriquement parlant

和訳を参考にして空欄に入る適当な語句を
選択肢から選んでください.
*なお, 問題の性質上文頭に置かれる語句でも選択肢は小文字で表記しています.

-130>

解答・解説 ▶ p.215

1 J'ai visité la France _____ il y a trois ans.

私は3年前に初めてフランスを訪れました.

2 J'étais nerveux _____, mais je m'y suis habitué en 5 minutes.

初めは緊張しましたが, 5分とたたないうちに慣れました.

3 _____, permettez-moi d'énumérer trois choses que je veux dire.

まず最初に私の言いたいことを3つ列挙します.

4 _____, l'aspirateur est peu coûteux, et deuxièmement, il a une forte puissance d'aspiration.

第1にその掃除機が廉価であること, 第2に吸引力が強いことがポイントです.

5 _____, si vous payez la cotisation, vous pouvez assister gratuitement à une conférence.

その上, 会費を払えば, 無料で講演を聞くことができます.

6 _____ une analyse détaillée, cet article présente de nombreux points de vue originaux.

緻密な分析加えて, この論文には随所にオリジナルな視点が見て取れます.

7 _____, certaines personnes trouvent les salutations japonaises étranges.

たとえば, 日本式の挨拶を奇妙だと感じる人たちがいます.

8 _____, « Merci pour la dernière fois » est une sorte de salutation.

言い換えれば,「この間はどうも」は挨拶の一種です.

9 Le plastique est pratique, mais _____ il pollue l'environnement.

プラスチックは便利ですが, 他方で環境を汚染します.

0 Mon père connaît bien l'histoire politique de l'Europe, _____ de la France.

父は欧州の政治史に, 特にフランスのそれに通じています.

選択肢

a. au début
b. de plus
c. d'un autre côté
d. en d'autres termes
e. en particulier

f. en plus d'
g. par exemple
h. pour la première fois
i. premièrement
j. tout d'abord

101

< 131-142 >

解答・解説 ▶ p.216

A群

131 Comme aujourd'hui c'est dimanche,

132 Il a quitté la classe plus tôt

133 Le vol de correspondance vers Paris a été considérablement retardé

134 Puisqu'elle a une valise si lourde,

135 Mon frère est parti avec une heure d'avance

136 Placez votre affiche électorale ici

137 Au cas où vous ne seriez pas là,

138 En supposant que je puisse prendre le premier train,

139 Tandis que je travaillais,

140 Bien qu'elle m'ait promis de ne pas venir à la fête,

141 Elle occupe un poste important,

142 Le rhinocéros noir est tellement braconné

B群

a. à cause du mauvais temps.

b. de peur d'être en retard pour son premier jour.

c. elle est venue avec sa sœur.

d. encore qu'elle soit bien jeune.

e. elle ferait mieux de prendre un taxi.

f. je laisserai un message à la réception.

g. je pourrai assister à la réunion de 10 heures.

h. la plupart des magasins sont fermés.

i. mon mari buvait avec ses amis.

j. pour que tout le monde puisse la voir.

k. qu'il est en voie de disparition.

l. sous prétexte qu'il était malade.

下記はDELF Aレベルで想定される(1)と(2)の質問に答えたものです. 箇所の空欄に入る適当な文(あるいは語句)を選択肢①~③から選んでください.

-144 >

| 解答・解説 ▶ p.218 |

適文選択

(1) Présentez votre meilleur ami.

[　　] Il est intelligent, honnête et a toujours le sourire aux lèvres.

[　　] Il étudie dur le japonais et maîtrise très bien l'aquarelle.

[　　] C'est un collègue de travail, mais il est pour moi comme un senior fiable.

選択肢

① Chaque fois que j'ai un problème autour de moi, je le consulte.

② Je ne l'ai jamais vu de mauvaise humeur.

③ Je suis une personne assez timide et je n'ai pas beaucoup d'amis, mais je peux compter sur M. Richard.

適語選択

(2) Y a-t-il quelque chose dont vous êtes fier(ère) ?

Pas à propos de moi. Cependant, je suis fier(ère) de mon jardin.

[　　], c'est comme un jardin botanique au printemps. [　　], diverses fleurs s'épanouissent tour à tour et nous ravissent.

[　　], j'apprécie sa splendeur chaque jour.

選択肢

① Au fil des saisons

② Avec plus de 30 types de fleurs qui fleurissent

③ Tout en ressentant les merveilles du fonctionnement de la nature

< 145-147 >

解答・解説 ▶ p.219

Qu'est-ce que vous voudriez faire plus tard?

145

A 私は**公務員として**10年勤めていますが, できるなら**生まれた町**でレストランをオープンしたい. 地元の食材をいかしたフレンチレストランを**経営する**のが夢です.

A Je travaille comme **(1)** [**employé de banque / fonctionnaire**] depuis 10 ans, mais si possible, j'aimerais ouvrir un restaurant dans ma ville **(2)** [**natale / originaire**]. Mon rêve est de **(3)** [**diriger / retenir**] un restaurant français qui utilise des ingrédients locaux.

146

B **卒業**後は, 満員の地下鉄で**移動**せずにすむ仕事を探します. 自宅にいるままの**リモートワーク**や, 自分の都合で場所を移動できる職を見つけたいです.

B Après **(1)** [**ma sortie / mes études**], je vais chercher un travail qui ne m'oblige pas à **(2)** [**faire / voyager**] en métro bondé. J'aimerais trouver un emploi qui me permette de travailler **(3)** [**à distance / en direction**] pour rester chez moi ou (de) me déplacer à ma guise.

147

C **子育てが終わったあと**, 夫とゆっくりヨーロッパ旅行に行きたいです. **新婚旅行(ハネムーン)**に行っていないので.

C Après **(1)** [**avoir élevé / avoir développé**] mes enfants, je veux faire un voyage tranquille en Europe avec mon mari. Je ne suis pas partie en **(2)** [**lune de miel / terre de miel**].

整序問題 下記の質問に答えた D ～ F 3つの返答の [ ] 内の語句を文意の通る正しい順に並べ替えてください.

<-150 >

解答・解説 ▶ p.220

…ue faites-vous le week-end en général ?

…8

D Je révise le français que je ne peux pas faire en semaine. Pour moi, le [de, une, temps, grande, plaisir, quantité, d'utiliser] pour l'apprentissage des langues est exceptionnel.

…9

E Je m'entraîne à la salle de sport. Je revitalise (1) [le, mes, par, métro, muscles, émoussés] et recharge (2) [le, mon, pour, énergie] lendemain.

0

F Je veux dormir, me réveiller, manger et paresser. En d'autres termes, je veux (1) [de, du, ne, luxe, rien, profiter] avoir à faire. Mais la réalité est exactement le contraire, et je n'ai (2) [de, par, jour, mois, qu'un, repos].

適文選択 下記の質問に答えた下記の [G] ～ [I] 空所に入る文として①～③
どれが適当か選択してください選んでください.

<151-153>

Pour vous, la mode est importante ?

151

[G] Je pense que la mode est importante, [   ]. Cependant, je pense

qu'il y a un problème à être trop pointilleux sur la mode.

① parce que «l'apparence» est un facteur important dans le contact

avec les gens

② parce que vous avez bon goût pour vos vêtements

③ si je me soucie de mon apparence, je n'ai pas le droit de parler de

vêtements

152

[H] [   ], parce que je ne m'intéresse pas à l'extérieur de la personne,

je m'intéresse à l'intérieur.

① Ça ne m'importe pas du tout

② Je n'hésite pas à partir pour la campagne

③ Ne vous en faites pas

153

[I] J'aime m'habiller, donc [   ]. Je pense que c'est l'affirmation de soi

en soi.

① j'ai un fort intérêt pour la mode

② j'ai un fort intérêt pour l'avenir du monde

③ j'ai un fort intérêt pour le mode de vie

問題

1

適文選択　下記の質問に答えた下記の J 〜 L の出だしにふさわしい文を以下の a 〜 e から選びなさい. ただし, 同じ出だしを2度は用いないでください.

-156 >

| 解答・解説 ▶ p.222 |

ue faites-vous pour protéger votre santé ?

. J'ai hâte d'être en vacances

. Je fais des exercices radio tous les matins

. Je ne fait rien de particulier

. Je prends beaucoup de suppléments

. Je vais au bureau en taxi deux ou trois fois par semaine

J [　　　]. C'est un exercice léger de 10 minutes maximum, mais qui en vaut la peine pour entretenir sa condition physique.

K [　　　]. Je fais aussi très attention à mon alimentation. Cependant, je souffre depuis longtemps d'un estomac fragile.

L [　　　], mais j'ai confiance en ma santé. Cependant, je sais que ce genre de confiance sans fondement est dangereux.

Si vous étiez riche, qu'est-ce que vous voudriez faire ?

157

M 整序問題：[　　]の単語を文意が通じるように並べなさい.

J'adore [de, les, jeux, société], j'aimerais donc acheter un ordinateur de haute qualité et explorer [de, que, tels, mondes, nouveaux] les échecs ou le shogi tout en utilisant l'IA.

158

N 和訳してください

J'ai déjà 70 ans, donc je ne suis plus obsédé par l'argent. Je garderais assez d'argent pour vivre et je donnerais le reste à la Croix-Rouge.
* Croix-Rouge「赤十字」

159

O 適語選択：文意に則して[　　]内の適語を選んでください.

Si possible, j'utiliserais cet argent pour devenir [diplomate / politicien]. Je ne peux m'empêcher de penser que la politique actuelle n'est pas tournée vers [l'avenir / le passé]. Ce n'est pas [une forme / un modèle], mais je veux utiliser l'argent pour [le phénomène social / la réforme sociale].

Onomichi fait (1) _____ de Seto, on peut (3)   manger de
nombreuses sortes de poissons frais. Il existe de nombreux

(2) [   ] le long de la côte. (3)   , le climat est chaud et humide, avec
les étés courts et chauds et des hivers froids.

60

設問

(1) 下記の語を正しい順に並べてください.

à　face　intérieure　la　mer

61

(2) 空欄に入る適当な語句を下の 1〜4 から1つ選んでください.

1　chalets de montagne

2　lieux de refuge

3　sites pittoresques

4　tours de surveillance

62

(3) 編みかけの箇所に入る適当な語の組み合わせを，A〜Dから1つ選んでください.

A　alors　Par ailleurs

B　aussi　Cependant

C　cependant　Donc

D　donc　Par ailleurs

次の文を読んで設問に答えてください.

< 163-170 >

│ 解答・解説 ▶ p.224 │

163

Il existe les hommes de génie proprement dit, mais la plupart d'entre eux ont réussi parce qu'ils ont fait beaucoup plus d'efforts que les autres. Comme l'a dit Edison, le (A)＿＿＿＿ est fait d'un pour cent d'inspiration et de quatre-vingt-dix-neuf pour cent de (B)＿＿＿＿.

1. 空欄 (A) に入る適語 (1語) を文中から選んでください.

2. 空欄 (B) に入る適語を次の4つの選択肢から1つ選んでください.

relation   respiration   suspicion   transpiration

164

Il faut juger ＿＿＿＿ d'un homme plutôt sur sa personnalité que sur sa situation sociale.

空欄に入る適語を次の4つの選択肢から1つ選んでください.

la taille   la valeur   le poids   les défauts

Je vais à l'Institute Franco-Japonais pour suivre des cours de français depuis plus de dix mois. Au début, je n'ai pas compris du tout ce que disait le professeur français, mais maintenant je comprends un peu. En de rares occasions, nous avons des conversations avec des blagues.

_____.

空所に入る一文として適当なものを下記の❶〜❹から選んでください.

❶ En tout cas, il n'y a pas de fumée sans feu.

❷ Exactement, la nuit porte conseil.

❸ Il n'y a pas de doute, la pratique rend parfait.

❹ Sans aucun doute, loin des yeux, loin du cœur.

L'idée de bonheur est un produit du 19ème siècle lorsque

(1)_____ est devenue plus importante que

(2)_____.

空欄 (1) (2) に入る妥当な組み合わせを以下a〜eから1つ選んでください.

	(1)	(2)
a)	la dérogation individuelle	la propriété
b)	la nation	la personnalité individuelle
c)	la nation	la propriété
d)	la personnalité individuelle	la nation
e)	la propriété	la dérogation individuelle

次の文を読んで設問に答えてください.

| 解答・解説 ▶ p.224 |

167

L'histoire que nous apprenons à l'école est l'histoire de ceux (1)_____
_____. Les conquistadors
et les grands soldats apparaissent dans les livres d'histoire, et les gens
du peuple qui ont véritablement fait progresser la civilisation et la culture
y sont rarement mentionnés. Par exemple, pendant la période Sengoku,
ce n'étaient pas les seigneurs de guerre qui se battaient réellement, mais
les agriculteurs sans nom (2)_____
_____ en temps de paix.

空欄(1)に入る適切な言い回しを下記のa〜dから選んでください.

a) qui croient en l'avenir

b) qui ne se soucient pas de l'argent

c) qui ont du mal à joindre les deux bouts

d) qui sont au pouvoir

空欄(2)に入る適切な言い回しを下記のa〜dから選んでください.

a) qui connaissaient profondément le nouvel art

b) qui cultivaient simplement les champs

c) qui négligeaient le travail sur le terrain

d) qui pratiquaient les arts martiaux

À certains égards, les Japonais et les Français sont _____, mais à d'autres égards, ils sont assez _____. La plus grande différence, me semble-t-il, entre les deux peuples est que les Japonais pensent que plus quelque chose est nouveau, mieux c'est, tandis que les Français pensent que plus une chose est _____, plus elle a de valeur.

1. 次の5つの単語のうち，上記3箇所の空欄に入る形容詞はどれか答えてください（不要な2語があります）．

   ancienne   différents   misérable   précieuses   similaires

2. 下線部を言い換えました．文意が通じるよう正しい順に並べ替えてください．

les Japonais pensent que les [**les, plus, sont, choses, récentes**] les meilleures,

Certaines personnes confondent le verbe t_____ avec voyager par analogie avec l'anglais to travel. Dans un sens, c'est inévitable. L'étymologie des deux mots est à l'origine « un appareil de torture qui fait souffrir les gens ». Le sens de « souffrance » est différent entre les continents et les nations insulaires, donc le sens du mot est différent.

文意に照らして空欄に入る<t>で始まる動詞1語を答えてください。

次の文を読んで設問に答えてください.

解答・解説 ▶ p.225

170

L'archéologie est un sujet romantique, mais d'un autre côté, il est facile

de se laisser _____ parce qu'on

veut faire de nouvelles découvertes. C'est la nature humaine.

空欄に入る語句として適当なものを下記の選択肢から1つ選んでください.

❶ aller à faire des confidences

❷ emporter à la colère

❸ conduire par des savants

❹ prendre à des ambitions déformées

114

Cher François,

Tu as eu la gentillesse de m'héberger chez toi _____ en France
au début de l'été.

Je trouve qu'il est très difficile de te remercier assez _____ que
tu as faites pour faire de ma visite un succès parfait.

_____, il me reste de nombreux souvenirs que je chérirai
toujours.

Si tu viens au Japon, assure-toi de me le faire savoir. Je serais très
heureux de te faire visiter mon pays.

S'il te plaît, sens-toi le bienvenu ici _____.

Ton ami _____,

Kaoru

語群

à tout moment   **depuis toujours**   **grâce à toi**

lors de ma visite   **pour toutes les choses**

172

(1) 出だしの1文にふさわしいのは①〜④のどれか選んでください.

[   ], l'histoire du 20e siècle aurait été toute autre : la voiture et l'avion, symboles de la civilisation actuelle, n'auraient guère pu exister. Cependant, on ne peut nier que la pollution de l'environnement s'est accélérée à cause de cet or noir.

① S'il n'y avait pas eu de chaleur humaine
② S'il n'y avait pas eu de hauts fourneaux
③ S'il n'y avait pas eu d'innovation
④ S'il n'y avait pas eu de pétrole

173

(2) 最後の1文が Il est impossible de dire que le risque n'existe pas. で終わるように, 下記A〜Dを文意が通じるよう並べ替えてください.

A: Avec 56 réacteurs actifs, la France a le deuxième plus grand nombre de réacteurs après les États-Unis.

B: Cependant, les accidents comme à Fukushima sont imprévisibles.

C: En France, 67,4% de l'électricité est produite par le nucléaire.

D: Ils sont évidemment à la pointe de la technologie et sont strictement contrôlés.

Il est impossible de dire que le risque n'existe pas.

(1) 空欄 (1)〜(4) に入る適語を選択肢から選んでください.

La population totale de la France en 2023 est d'environ 68 millions de personnes. C'est environ (1)_____ de la population du Japon. Cependant, le nombre d'enfants qu'une femme a (2)_____ sa vie est de 1,34 au Japon alors qu'il est de 1,8 en France, et la baisse de la natalité au Japon est (3)_____. Il ne faudra pas longtemps avant que la population du Japon tombe (4)_____ celle de la France.

(1) la moitié   le quart   le tiers
(2) à court de   au contraire de   au cours de
(3) imparable   imprécise   imprévue
(4) en dessous de   en mesure de   en présence de

(2) 2箇所の空欄に入る適当な語句を選択肢から選んでください.

On dit depuis longtemps au Japon que si les poissons-chats s'agitent et nagent de manière excitée, (1)_____, un fort tremblement de terre est susceptible de se produire. Les scientifiques étudient toujours la question (2)_____.

(1) avec juste raison   plus que la raison   sans raison particulière
(2) pour clarifier la différence entre les deux
    pour reconnaître l'existence des deux
    pour voir s'il existe un lien entre les deux

<176-177>

解答・解説 ▶ p.228

176

(1) 空欄に入る適当な語句を下記の選択肢から選んでください.

« Le Petit Prince » de l'auteur français Saint-Exupéry a été traduit

(1)_____ et s'est vendu à plus de 200 millions d'exemplaires

(2)_____. On dit que c'est le livre non-religieux le plus

traduit au monde. Cependant, l'auteur est décédé (3)_____

un an après la publication de ce livre. Il n'a pas pu profiter de son

grand succès.

選択肢(不要なものも入っています)

dans la France actuelle   dans le monde entier

dans le temps   dans les deux mille euros

dans plus de 300 langues   dans un accident d'avion

177

(2) 下記のLa couleurではじまる文に続いて並ぶ3つの文①～③を文意が通じるよう適
当な順に並べてください.

La couleur du soleil varie d'un pays à l'autre. Rouge, orange, jaune, or, etc

① Je pense que la culture du pays, en particulier la langue, a une forte
influence.

② La raison de cette différence est-elle due à la latitude du pays ?

③ Ou est-ce une question de pigment oculaire ethnique ?

解答・解説

　ややもすると「解答・解説」は単調になりがちです. 答えあわせにのみ使われ, 大切な注記が見過ごされることもあります. そこで, 独りよがりかもしれませんが, 本書では「ですます」調と「である」調を練習問題の解説ごとに使い分けたり, 英語による説明に特化してみたりと単調さを避けるため変化をつけてみました. ところどころに, 記憶力を刺激する意味から「語源」にからむはみ出し記事も載せています.

Warm-up 導入単語レベル

練習問題 1 <001-012>

001 ❸ embouteillage [nm] は「(都市内部の)渋滞」. Il y a des encombrement
としても同義. bouchon [nm] は「(国道や高速道路の)渋滞」に使われる
語. 他は ①「雨が降り出した」, ②「そよとも風が吹かない」(「風のそよぎ」
souffle d'air とも表現します. なお「風がある」なら Il y a du vent. や Il vent
を用い, 「風が吹いている」なら Le vent souffle. を使います), ④「霧が出
いる」(「(水面上の)薄い靄(もや)」なら brume [nm]), ⑤「曇っている」(=L
ciel est nuageux.) の意味になります.

002 ❹ assiette, plat, plateauは「皿」「大皿」「盆」のことで, ❹は「銀のお盆(トレー)
なので食べられません. assiette, plat, plateau は「(料理の)盛り合わせ」
意味もあり, 他は①「ハム・ソーセージの取り合わせ」, ②「生野菜の盛り合
せ」, ③「日替わりの特別料理」, ⑤「海の幸の盛り合わせ(エビ・カニ・貝類な
を盛り合わせたもので魚は入らない)」です.

003 ❷ スイス Vaud 州の州都(フランス語圏)です. 他はフランスの都市. ぜひ, フ
ンスのどこにあるか地図を調べてみてください.

004 ❸ 「タクシー乗り場」は乗り物ではありません. 他は funiculaire [nm]「ケーブ
カー」, métro [nm]「地下鉄」, tramway [nm] は英語由来で「路面電車, 市街
車」, téléphérique [nm] は「ロープウェー」です.

005 ❷ barrage de retenue [nm] は「貯水(防水用)ダム」のこと. avenue [nf]「並
道」, feu rouge [nm]「赤信号」, impasse [nf]「行き止まり, 袋小路」, trotto
[nm]「(車道に沿った)歩道」は皆, 街中にあります.

006 ❶ chausse-pied [nm] は「靴べら」です. 他は coude [nm]「ひじ」, cuisse [nf]「
もも」, épaule [nf]「肩」, mollet [nm]「ふくらはぎ」. やや難の印象かもしれ

せんが, 日常生活では欠かせない基本単語です.

⑤ talon [nm] は「かかと」です. 他は bouche [nf]「口」, lèvre [nf]「くちびる」, menton [nm]「あご」, sourcil [nm]「眉」です. なお, 名詞の男女がバラバラであるように感じますが, 例外はあるものの, 多くの単語で語末が <e> で終われば女性名詞, 子音字で終われば男性名詞という原則がここにも当てはまります（他に「顔の部位」なら, oreille, langue, gorge は女性名詞, nez, œil, yeux なら男性名詞）.

③ fesses [nfpl] は「臀部」つまり「お尻」なので内臓ではありません. 他は番号順に「心臓」「胃」「肝臓」（「（強制的に肥大させた鴨やガチョウの肝臓）フォアグラ」foie gras で知られています）.

① 「スープを飲む」には manger が使われます. prendre は使いません. 他は ②「コーヒーを飲む」, ③prendre l'air は「（新鮮な空気を吸いに）戸外に出る, 散歩する」（＝s'aérer, se promener）の意味, ④「地下鉄に乗る」, ⑤「3 日間の休みを取る」となります. なお, ③に関して「離陸する」décoller（↔ atterrir）の意味だと記されている仏和辞書がありますが, この語義では現在はほとんど使われないように思います.

② 「患者の腹を押す」なら appuyer sur le ventre du malade となります. presser は「アイロンをかける」の意味もあるように「強く押す, 圧する」ということで, たとえば身体への働きかけなら presser la main de *qqn*「～の手をぎゅっと握りしめる」といった使い方をします. 他は ①「川に飛び込む」, ③「エジプトでの滞在を予定している」, ④「フランス語を正確に発音する」, ⑤「無罪を証明する」という意味.

⑤ 「体重が増える」は prendre du poids です. 他は ①「試合を放棄（棄権）します」, ②「その女優は熱烈な歓迎を受けた」, ③「テレビが試合結果を伝えた」, ④「夫は困難に正面から向き合った」となります.

⑤ télégraphier は「電報で知らせる, 電信で送る」の意味.「ダウンロードする」は télécharger を使います. パソコン関連の言い回しは DELF A の守備範囲「日常生活」と切っても切れないものです.

チェック導入問題

DELF受験しようという方なら知っていて当然の常識の範囲内と考えて問題を作成し
した. ＊必要に応じて地図などをご確認ください.

013 **A**

① 「マルセイユはフランスの北西部」ではありません. dans le sud de la Franc
に位置し, la mer Méditerranée に面したフランス最大の港湾都市(la vil
portuaire)です.

② 「ベルギーはフランスの南」ではありません, au nord-est de la France に位
置します. なお, 「方角, 方位」direction [nf] は「北南東西」の順で並べて nor
sud, est, ouest となります.

❸ 「(フランス国内最長である)ロワール川は大西洋に注いでいる」, その通り.

④ 「アルプス山脈はフランスとドイツの間」ではありません. フランスとス
ス, イタリアの国境をまたぐ山脈です. フランスとスペインの間には le
Pyrénées が鎮座しています.

❺ 「セーヌ川は la capitale de la France＝Paris を東から西へ流れています
その通りです. なお, 川の流れに沿って「(川の下流, 西を向いて)右側」, つ
り(セーヌの北側)が「右岸」la rive droite, 左側(セーヌの南側)が「左岸」
rive gaucheと呼ばれます.

語源 riv「流れ」

la rive droite [gauche]「右[左] 岸」は riv「川, 流れ」から. rivière [nf] は「流れるもの」→「川」
の意味. rival(e) [n] は「ライバル」のことだが, これは「同じ河岸に住む者」がもとの意味
で, 水を汲むにせよ, 洗濯にせよ, 魚釣りにせよ, 自ずと互いに「競争意識」がわいてくるこ
とから. dériver「(水流を)変える」も同語源で, 「川から水をひく」という意味合いから「(de
に)由来する」の語義もある.

⑥ ❸ フランスはEUのなかでドイツに次いで人口が多い国で, 2023年1月現在, 人口は約6804万人（フランス国立統計経済研究所）と発表されています.

⑦ ❷ Dijon はワインとマスタード, それにカシスリキュールの元祖クレーム・ド・カシスで知られていますが, 内陸都市で海に面していません.

⑧ ❸ 水源がスイスのローヌ氷河にあり, フランス東部を流れるローヌ川は地中海に注ぐ川です.

⑨ ❷ ヴェルサイユ宮殿はパリの南西20キロの位置にありパリ中心部からはそれなりに離れています. 東京駅と東京国際空港（羽田）の直線距離よりも少し遠い位置関係です.

⑩ ❶ 『異邦人』は Aujourd'hui, maman est morte. （直説法複合過去）の書き出しで知られています.

料理名は難しいものですが, DELF A1, A2を受験するならある程度は常識の範囲と考え問題を作成いたしました.

① poisson [nm]「魚」がキーワードになり, Saumon en papillote ❹ が適当. 男性名詞saumon は英語の *salmon*「サーモン」のこと（別例：saumon fumé「スモークサーモン」）. 女性名詞papillote は「（料理）パピヨット, 紙包み焼き」を指す.

② 「菜食主義者」végétarien(ne) [n] が解答の鍵. Risotto aux légumes ❸「野菜リゾット」を選択する. risotto [nm] はイタリア語由来の単語で「炒めた米をブイヨンで煮たもの」, そこに légume [nm]「野菜」（通常は複数形で使う）が入った料理.

③ viande [nf]「肉」, ただし porc [nm]「豚」が好きではないとあるので, Coq au vin ❸「若鶏の赤ワイン煮込み」が解答になる. なお, coq [nm] は正しくは

123

「雄鶏」を指すが, 料理名に coq が使われていても実際には poulet [nm]「雄鶏」が使われるケースが大半だと言われる.

④ 「ソーセージ」を意味する saucisse [nf] には類語 saucisson [nm] がある. 前者は"火を通して"食べ, 後者は「サラミ」のように"そのまま"食べる. Andouille de Guémené Ⓐ「ゲメネ風アンドゥイユ(豚の腸に臓物, 肉, ラードを詰めたソーセージ)」が解答. なお, Ⓔ Escargots à la Bourgogne は Escargots à la bourguignonne, Escargots de Bourgogne とも呼ばれ, 日本でも知られた「エスカルゴのブルゴーニュ風」のこと. ちなみにこの料理を考案したのは19世紀の著名な宮廷料理人 Antonin Carême だそうだ.

練習問題 3 <016>

016 対句になっていないのは 4, 6, 9 の3つ.

4. 「淡水湖」と「塩水湖」lac d'eau salée(「塩湖」lac salé)という対ですが「淡水湖」は lac d'eau douce と表現します. ちなみに「淡水, 真水」は eau douce で「海水」は eau de mer です. sucré(e) は「砂糖で甘い」あるいは「砂糖のように甘い」の意味なので「湖」の形容には用いません.

6. métal précieux「貴金属」(＝métal noble)に対して, 銅・鉄・亜鉛などの「卑金属」は métal de base(←「基となる, 基礎となる」金属)と呼ばれます. 「卑しい, 下劣な」ignoble「金属」ではありません.

9. 「入国ビザ」un visa d'entrée と対語になるのは「就労用ビザ」un visa de travail ではなく「出国ビザ」un visa de sortie になります(まとめて「出入国ビザ」un visa d'entrée/sortie).「観光ビザ」は un visa touristique と呼ばれます.

1.「母性愛」「父性愛」 2.「深く共感する」「強い反感を持つ」 3.「試合に勝つ」「試合に負ける」 5.「早起き(の人)」「朝寝坊(の人)」 7.「大量生産」「大量消費」 8.「都会生活」「田舎暮らし(生活)」 10.「能動態」「受動態」

練習問題 4 <001-020>

基本的語句が中心ですから意識的にときに英語での語句解説を織り交ぜました. 単調に
ならぬよう, 記憶を刺激する意図もあります.

01 Je suis **[célibataire]** mais j'ai un **enfant.**

- ☐ **célibataire** **n** *unmarried person*
- ☐ **marié(e)** **n** *married person*
- ☐ **enfant** **nm** *child*

02 Mes **parents** vivent à Paris **[depuis]** dix ans.

My parents have lived in Paris [for] ten years.

- ☐ **vivre** **vi** *to live*

03 Aujourd'hui, **[la température]** est de 28 **degrés**.

- ☐ **température** **nf** *temperature*
- ☐ **humidité** **nf** *humidity*
- ☐ **degré** **nm** *degree*

04 Les champignons matsutake sont de **saison** **[en automne]**.

- ☐ **champignon** **nm** *mushroom*
- ☐ **saison nf** 1. des quatre parties de l'année : le printemps, l'été, l'automne, l'hiver.
  2. moment où on peut en faire et en manger.

05 J'**espère** que **[ton voyage]** en bus se passe bien.

- ☐ **espérer** **vt** *to hope*
- ☐ **travail** **nm** *work*
- ☐ **voyage** **nm** *travel, trip*

06 Mon frère est allé à la **poste** pour acheter des **[timbres commémoratifs]** hier.

- ☐ **poste** (= bureau de poste) **nf** *post, post office*
- ☐ **pièce** **nf** *coin, room*

□ **commémoratif(ve)** **adj** *commemorative*
□ **timbre** **nm** *stamp*

007 Ma sœur se **spécialise [en physique]** à l'université de Paris-Sud.

□ **se spécialiser en** *to major in, to specialize in*
□ **chimie** **nf** *chemistry*
□ **physique** **nf** *physics*
□ **université** **nf** *university*

008 Avant, mon fils préférait la **[campagne]** à la **ville**.

□ **préférer A à B** *to prefer A to B*
□ **campagne** **nf** *countryside, rural area*
□ **compagne** **nf** （female）*companion*
□ **ville** **nf** *city*

009 Pouvez-vous me **rappeler** en début de **semaine [prochaine]** ?

□ **rappeler** **vt** *to recall*
□ **en début de** （↔ en fin de）*at the beginning of*
　＊ au début de も同義ですが, その場合には冠詞が必要です（例：au début de l'année ≠ en début d'année）.
□ **la semaine dernière** *last week*
□ **la semaine prochaine** *next week*

010 Combien de **fois** par an allez-vous au **[cinéma]** ?

□ **combien de fois par an** *how many times a year*
□ **cinéma** **nm** *cinema* cf. **aller au cinéma** *to go to the cinema [movies]*
□ **film** **nm** *movie, film* cf. **voir un film** *to see a film*

011 Le **dernier** train à **[destination]** de Bordeaux part à 22h30.

□ **dernier train** （↔ premier train）*last train*
□ **à destination de Bordeaux** *bound for Bordeaux*
□ **à partir de** *from*

012 Ma mère travaille à temps **[partiel]** dans un **supermarché** trois fois par semaine.

□ **à temps partiel** *part time*
□ **à temps plein** *full time*
□ **supermarché** **nm** *supermarket*

013 C'est avec **plaisir** que nous acceptons votre **[invitation]**.

- □ **avec plaisir** (= volontiers)   *with pleasure*
- □ **accepter vt**   *to accrpt*
- □ **invitation nf**   *invitation*
- □ **visite nf**   *visit*

14 On dit que mon **[numéro]** de téléphone est <u>facile</u> à retenir.

- □ **numéro nm**   *number*(番号)
- □ **nombre nm**   *number*(数)   *cf.* **nombre pair**「偶数」(↔ nombre impair)
- □ **facile** (↔ difficile) **adj**   *easy*
- □ **retenir vt**   *to remember*

15 Ce nouveau **[produit]** est destiné aux <u>femmes</u> de plus de 60 ans.

- □ **produit nm**   *product*
- □ **commerce nm**   *commerce, trade*
- □ **destiner A à B**   *to assign A to B*
- □ **femme nf**   *woman*
- □ **plus de 60 ans**   *over 60 (years old)*

16 J'ai <u>mal</u> à la **[gorge]** depuis le week-end dernier.

- □ **avoir mal à la gorge**   *have a sore throat*
- □ **gorge nf**   *throat*
- □ **tête nf**   *head*
- □ **le week-end dernier**   *last weekend*

17 Dans ce musée **[de sculpture]**, il est <u>interdit</u> de prendre des photos.

- □ **sculpture nf**   *sculpture*
- □ **peinture nf**   *painting, picture, paint*
- □ **interdit(e) adj**   *forbidden*

18 Ma <u>valise</u> n'est pas sortie du **[tapis]** roulant.

- □ **valise nf**   *suitcase*
- □ **fauteuil roulant**   *wheelchair*
- □ **tapis roulant**   *baggage claim belt* (= ceinture de récupération des bagages)

19 Mesdames et <u>messieurs</u>, nous vous souhaitons la <u>bienvenue</u> à **[l'aéroport]** de Narita.

- □ **souhaiter vt**   *to wish*
- □ **madame nf → pl**   masdames
- □ **monsieur nm → pl**   messieurs

- ☐ **bienvenue nf** *welcome*
- ☐ **aéroport nm** *airport* cf. **aérogare** *terminal*
- ☐ **avion nm** *airplane, plane*

020 Ma fille achète souvent des **magazines** de [**mode**].

- ☐ **souvent adv** *often*
- ☐ **magazine nm** *magazine*
- ☐ **mode nf** *fashion, mode*
- ☐ **vêtements nmpl** *clothes*

練習問題 5 <021-040>

---

021 J'aimerais commander un gâteau [**d'anniversaire**], s'il vous plaît.
バースデーケーキを注文したいのですが.

022 Où sont les cabines [**d'essayage**] ?
試着室はどこですか.

023 Quelle est votre chanson [**préférée**] ?
好きな曲はなんですか.
＊titre [nm]「タイトル」を使って Quel est votre titre préféré ? としても類義.

024 Quelle [**cuisson**] pour le steak, Madame ?
ステーキの焼き加減はいかがいたしましょう.
＊Comment aimez-vous votre steak ? といった聞き方もします.

025 Plus de la [**moitié**] des Français passent leurs vacances en France.
フランス人の半数以上は国内でバカンスを過ごしています.

026 J'ai mangé du curry local pour le [**déjeuner**], alors je veux essayer autre chos
pour le dîner.
昼に地元のカレーを食べたので, 夜は別なものを試したい.

027 Chaque [**seconde**], 320 baguettes sont produites et consommées en France.
フランスでは毎秒320本のバゲットが生産, 消費されている.

28 Les Français consomment environ 60 kilos de [**viande**] par personne et par an.
フランス人は1人当たり年間約60キロの肉を消費する.

29 L'heure de départ du TGV 6756 à [**destination**] de Bordeaux sera retardée de 15 minutes.
ボルドー行きのTGV 6756の発車時刻が15分遅れます.

30 Partager sa voiture avec ses [**voisins**] : c'est ce qu'on appelle le covoiturage.
近所の人たちと車を共有すること, それは「相乗り」と呼ばれます.

31 De quel type de bois est faite cette [**chaise**] ?
この椅子はどんな種類の木でできていますか.

32 Le [**numéro**] que vous avez appelé n'est plus en service.
おかけになった電話番号は現在使われ—ておりません.

33 Pouvez-vous taper sans regarder le [**clavier**] ?
キーボードを見ないでタイプできますか.

34 Cette carte de visite est imprimée sur du papier [**recyclé**].
この名刺は再生紙に印刷されています.

35 Le météorologue a prédit qu'il [**pleuvrait**] aujourd'hui.
気象予報士は今日は雨だと予報していた.
＊時制照応に関連して pleuvoir の条件法現在が入ります.

36 Notre université a été fondée au [**milieu**] du XXᵉ siècle.
私たちの大学は20世紀半ばに設立されました.

37 À quelle heure ouvre cette [**pâtisserie**] le lundi ?
このケーキ屋さんは月曜日の何時に開きますか.

38 Vous pouvez nous envoyer votre lettre de [**motivation**] par retour ?
カバーレター(志望動機や自己PRの書類)を返送していただけますか.

39 Le DELF A1 demande la [**capacité**] de parler de soi.
DELF A1 は自分自身のことについて話す能力が必要です.

語源 cap「つかむ」

"cap「つかむ」ことが able「できる」" capable から派生した capacité [nf] は広く「能力」の意味で使われ「ある物事を処理する潜在的な能力, 成し遂げる知的・身体的な能力」を指す(英語の *capacity* と *ability* を兼ねる). 反意になるのは incapacité [nf] で「(de+inf.) ~できないこと」の意味(例:Elle est dans l'incapacité de juger.「彼女は判断することができない」). なお, capacité の類義語 talent [nm] は「生まれもった才能」あるいは「努力することで高められた才能」を指し, donner から派生した名詞 don [nm] には「天賦の才」の意味がある.

040 Le DELF A2 demande si vous pouvez **[exprimer]** votre opinion correctement

DELF A2 では自分の意見を正しく表現できるかどうかを訊ねます.

練習問題 6 < 041-090 >

答えそのものは平易だが, 和訳がないので単語力がないと作文では案外手ごわい.

041 Mes parents habitent au cinquième **[étage]**.

＊ étage:両親は6階に住んでいます.「階数」のカウントは日仏で1階分ずれます.

042 **[L'automne]** est la saison où les feuilles tombent des arbres.

＊「葉が木々から落ちる季節」なので,「秋」となります.

043 Il y a 12 **[mois]** dans une année.

＊ 言うまでもなく「1年は12ヶ月」.

044 Il y a 7 jours dans une **[semaine]**.

＊「1週間は7日」. ただし, 日曜を2度数えて une semaine＝huit jours, deux semaines＝
quinze jours(言うなれば「相撲の1場所」の捉え方)とするカウントの仕方も残っています.

045 Le 21 juillet 1969, pour la première fois, l'homme a marché sur la **[lune]**.

＊ 人類が初めて月面を歩いた(とされる)のがこの日. ただ, この月面着陸にはとかくの噂が ある
るようです.

46 Je voudrais changer les **[euros]** qui me restent en yens.

＊「手持ちのユーロを円に両替したい」という文. changer un billet なら「紙幣をくずす」の意味になります. ただし，この問題に和訳はないので，ユーロ以前のポルトガルやチリの通貨単位 [escudos]と入れることも可能です.

47 En général, on récolte le riz de mi-**[septembre]** à mi-octobre au Japon.

＊ mi-＋[名詞]で「〜の半ば，半ば〜」の意味.「9月半ばから10月半ば」に米を収穫するという文意です.

48 J'ai entendu un petit **[bruit]** ; c'était mon chat.

＊「ちょっとした [　]が聞こえた，猫だった」の意味で「物音」bruit と入れたい.

49 Les élèves ont écouté la chanson de l'école en **[silence]** jusqu'à la fin.

＊「校歌を黙って聴いていた」とするので, en silence「音を立てずに，静かに」が入ります.

50 Mon père met la **[radio]** tous les jours à sept heures pour écouter les nouvelles.

＊「毎日，ニュースを聞くために7時になるとつける」ものが解答. mettre [ouvrir, allumer] la radio で「ラジオをつける」となります.

51 **[L'anniversaire]** de ma femme est le 23 juillet 1984.

＊ 主語を「妻の誕生日」とします.

52 Quand il y a de la lumière d'un côté de la Terre, l'autre côté est **[sombre]**.

＊「地球の片側に光があるとき，反対側は光がない→「暗い」sombre」となります.

53 Les alligators ont de longues **[queues]**.

＊ 体の部位で，ワニが"長いのは「尾」なので queues（複数形）が適当.

54 Mon grand-père a maintenant les cheveux tout **[blancs]**.

＊ 父親の頭髪は今では「すっかり真っ白」blancs（男性形複数）が入ります. tout は副詞です.

55 Les voitures doivent s'arrêter aux **[feux]** rouges.

＊ 車が停止すべき信号の色なので，「赤信号」les [feux] rouges となります.

056 Un **[hôpital]** est un lieu où l'on soigne les malades.

＊「病人が世話を受ける場所」なので hôpital となります.

057 L'Australie et la Nouvelle-Zélande ont beaucoup de **[moutons]**.

＊オーストラリアやニュージーランドで数が多いのは「羊」moutons, ちなみに, ニュージーランドでは全人口の６倍の数を誇るといいます. ただし, 羊の頭数が最も多いのは中華人民共和国(中国).

058 La Terre tourne autour du **[Soleil]**.

＊「地球は太陽の周りを回る」のだから Soleil と入ります.

059 Mon appartement est à **[l'est]** et le matin il y fait très clair.

＊朝, 日差しが降り注ぐ方角が入ります.

060 La Bretagne se trouve à **[l'ouest]** de la France.

＊ブルターニュ地方は, フランスの西 l'ouest です.

061 C'est la première **[fois]** qu'elle est venue aux Philippines.

＊la première fois と入り「彼女がフィリピンに来るのは初めてです」という文意になります

062 Il y a environ 1 000 **[kilomètres]** entre Paris et Marseille.

＊パリとマルセイユの距離, kilomètres となります. ただし, 重量 kilogramme [nm] では ないので kilos とは略せません.

063 Le soleil est dans le **[ciel]** plus longtemps en mai qu'en mars.

＊「太陽は３月よりも５月の方が長く [　]にあります」と場所が入ります.

064 Beaucoup de **[ponts]** traversent la Seine à Paris.

＊合計37の橋 ponts が, パリのセーヌ川に架かっています.

065 Les chats peuvent voir la **[nuit]**.

＊猫は「夜 la nuit でも目が見えます」とします. ただし, 猫を「夜行性」nocturne とするのは動物学的には必ずしも正しくはないようです.

66 Elle a mis un morceau de [**sucre**] dans son café.

＊un morceau de sucre で「角砂糖1つ」の意味.「2つ」なら deux morceaux de sucre となります.

67 Certaines personnes évitent le [**chiffre**] 7, tandis que d'autres le considèrent comme porte-bonheur.

＊たとえば「初七日」（人が亡くなって7日目）は porte-bonheur「（幸運をもたらす）お守り」とは言えません. ここは具体的な「数字」ですから chiffre が入ります.

68 Il y a quatre [**langues**] officielles à Singapour.

＊具体的な「公用語」langues officielles は英語・中国語・マレー語・タミル語の4つとされています.

69 Il faisait si froid la nuit dernière que le lac était recouvert de [**glace**].

＊「とても寒く, 湖が氷 glace ですっかり覆われた」となります.

70 Ma montre avance de cinq [**minutes**] chaque jour.

＊「さすがに1日に 5 "時間"は進まないでしょう. それでは時計の意味をなしません. m ではじまる時間の単位ですから「分」minutes です.

71 Paris est divisé en 20 [**arrondissements**].

＊「パリは20の区 arrondissements」の分かれています.

72 La mer est plus amusante pour nager, mais la [**piscine**] en plein air est plus sûre.

＊一概には言えませんが「野外（屋外）の la piscine」で泳ぐ方が la mer で泳ぐよりは安全性は高いですね.

73 En France, les voitures roulent à [**droite**].

＊自動車の走行車線は, 日本なら à gauche, フランスは à droite です.

74 J'ai [**soif**], je veux boire quelque chose.

＊avoir soif「喉が渇いている」ので「何か飲みたい」わけです.

75 Le drapeau français est [**bleu**], blanc et rouge.

解答・解説

＊フランス共和国の « Liberté, Égalité, Fraternité »「自由, 平等, 友愛」という標語（憲法第
２条４項）, それを反映した国旗の色は順に bleu, blanc et rouge とされています. ただ
うもこれは正しくなく, そもそもは「赤」と「青」のパリ市の標章 blason de Paris に, 王
の旗色である「白」を加えたことから来ているようです.

076 Les **[fleurs]** de cerisiers symbolisent le printemps au Japon.

＊「桜の木」は cerisier,「桜の花」は fleurs de cerisier と言います.

077 Le Japon est un pays d'**[îles]**.

＊「日本は島国 un pays d'îles です」（＝l'archipel nippon [du Japon]「日本列島」）となり
す. ちなみに令和５年時点で有人島は416島, 無人島は13,705島を数えるそうです.

078 Le Vatican est le pays le moins **[peuplé]** du monde.

＊バチカン市国の人口は600名ほど. 世界で最も人口の少ない国 le pays le moins peup
du monde です.

079 Cet été a été terrible ; il a fait chaud et **[humide]**.

＊「暑くてジメジメしている」chaud et humide は日本の夏を言い表す際に欠かせない形
詞と言えそうです.

080 Kawabata Yasunari a reçu le **[prix]** Nobel en 1968.

＊「ノーベル賞」le prix Nobel が入ります. なお,「ノーベル文学賞」は le prix Nobel c
littérature,「ノーベル賞受賞者」なら lauréat(e) du prix Nobel と呼びます.

081 Le Bon Marché Gauche est le grand **[magasin]** préféré de ma femme.

＊有名「デパート」le grand magasin のひとつ.

082 Me voici à Chamonix au **[pied]** du Mont-Blanc.

＊「モンブランの麓にあるシャモニーにいます」の意味.

083 Le soleil s'est caché derrière les **[nuages]** noirs.

＊「太陽は黒雲に隠れた」の意味ですから nuages と入ります.

084 Tu vas prendre du potage à la crème sans **[cuillère]** ?

＊「スプーン」cuillère（あるいは cuiller）なしで「ポタージュ」を飲むのは容易ではなさそ
です.

134

5 Ils ont continué à courir en prenant comme point de repère la **[tour]** Eiffel.

＊「la tour Eiffel を目印に走り続けた」という意味になります.

6 Après le solstice d'hiver, les jours sont de plus en plus **[longs]**.

＊solstice d'hiver は難しい単語ですが, "sol「太陽」が stice「立ち止まる, 行き着く」ポイント"で, 冬に太陽が赤道から一番遠くに立つ「冬至」のこと.「冬至を過ぎると日はだんだん長くなる」ので主語 les jours に呼応して longs(男性複数形)が入ります.

語源 sphère「球, 天球」

覚えにくそうに見えても語源を知ると意外と記憶に残るもの. atmosphère [nf]「大気, 雰囲気」は"「天球」から発せられるとされた「蒸気」atmos"がそもそもの意味. hémisphère は"hémi「半分の」+「球」"から.「成層圏」stratosphère [nf] も難語に見えますが, "strato「広大な」+「球」"の意味で, 1890年にフランス人の気象学者が作った造語であると知るとおそらくは記憶に残る……はず.

7 Je n'oublierai **[jamais]** votre bonté.

＊「ご恩は一生忘れません」としたい. ne ... jamais「決して〜ない」を入れます.

8 Bonne nuit, faites de **[beaux]** rêves.

＊「悪夢」cauchemar [nm] の反対, faire de beaux rêves で「いい(楽しい)夢を見る」の意味, 訳せば「おやすみ, どうぞいい夢を」となります.

9 Cette valise est trop **[lourde]** pour que je puisse la soulever.

＊「このスーツケースは重すぎて私には持ち上がらない」としたいので, lourde となります.

10 L'orateur parlait si **[vite]** que personne ne pouvait le comprendre.

＊parler lentement の逆, parler vite と入れて,「講演者は誰も聞き取れないほどの速さで話をした」とします.

練習問題 7 < 091-105 >

1 ベッドでリラックスする　　**se détendre** sur le lit

135

092 ベッドに横になる **s'allonger** sur un lit

093 濡れた服を乾かす **sécher** les vêtements mouillés

094 ドアをノックする **frapper** à la porte

095 家具を移動する **déplacer** des meubles

096 芝生を刈る **tondre** la pelouse

097 ゴミ箱を空にする **vider** la poubelle

098 ゴミを拾う **ramasser** les ordures

099 ゴミを燃やす **brûler** les déchets

100 コピー機を修理する **réparer** un copieur [une photocopieuse]

101 偶然起こる **arriver** par accident

102 莫大な遺産を相続する **hériter** d'une énorme fortune

103 ローマ時代に遡る **revenir** à l'époque romaine

104 現実逃避する **fuir** la réalité

105 突然笑いだす **éclater** de rire　*cf.*「爆笑する」 rire aux éclats

練習問題 8 < 106-115 >

106 Aucune formation académique requise.
学歴不問　学歴は必要ありません

107 Tous âges admis.

年齢不問　すべての年齢層が受け入れられる

08 Tous les goûts sont dans la nature.
十人十色　すべての好みは天性にあり

09 attendre avec impatience
一日千秋　じっと待ちわびる

10 consommation excessive d'alcool et de nourriture
暴飲暴食　過度の飲酒と過食

11 être amoureux l'un de l'autre
相思相愛　互いに愛し合う

12 la chance d'une vie
一期一会　一生に一度のチャンス

13 partager le même sort
一蓮托生　同じ運命を共有する

14 tirer une leçon du passé
温故知新　過去から教訓を学ぶ

15 transmis de père en fils
一子相伝　父から息子へ受け継がれる
＊なお、「世代交代」なら changement de génération, また「切磋琢磨」なら étudier dur en rivalisant les uns avec les autres といった訳がつけられる.

練習問題 9 <116-125>

16 une voiture **d'occasion**　*a used car*

17 une voiture **en panne**　*a broken down car*

18 une personne **attractive**　*an attractive person*

119 une expérience **significative** *a meaningful experience*

120 une erreur **fatale** *a fatal error*

121 une horloge **biologique** *a biological clock*

122 un avion **sur la piste** *a plane on the runway*

123 une bague **en or** *a gold ring*

124 une société **multinationale** *a multinational corporation*

125 une personne **disparue** *a missing person*

練習問題 10 < 126-145 >

126 c Beaucoup d'enfants apprennent à utiliser un ordinateur même **avar d'entrer à l'école**.
*Many children learn to use a computer even **before entering school**.*

127 g Colette écrit chaque jour **dans son journal**.
*Colette writes **in her diary** every day.*

128 j Denis ne peut pas conduire **sans lunettes**.
*Denis cannot drive **without glasses**.*

129 i Emilie a acheté un chapeau de paille **pour se protéger du soleil**.
*Emilie bought a straw hat **to protect herself from the sun**.*

130 f Il a jeté la lettre **dans la corbeille à papier**.
*He threw the letter **in the wastepaper basket**.*

131 e Il est nécessaire de passer la douane **à votre arrivée**.
*It is necessary to go through customs **at your arrival**.*

32 h Il faudra courir **pour attraper le dernier train**.

*We will have to run **to catch the last train**.*

33 d Il faut éteindre la lumière **avant de sortir**.

*You have to turn off the light **before going out**.*

34 b Ils portent souvent des tee-shirts [T-shirts] **au lieu de chemises**.

*They often wear T-shirts **instead of shirts**.*

35 a Il y a une queue **au guichet**.

*There is a queue [line] **at the ticket office**.*

36 f Cet aéroport est **loin de la ville**.

*This airport is **far from the city**.*

37 j J'ai réussi à lui en parler **sans l'offenser**.

*I managed to talk about it **without offending him [her]**.*

38 c Je n'ai pas envie **d'aller au cinéma ce soir**.

*I don't feel like **going to the movies tonight**.*

39 g L'Angleterre et la France sont séparées **par la Manche**.

*England and France are separated **by the English Channel**.*

40 e La salle de bains est **en haut**.

*The bathroom is **upstairs**.*　＊「階下に」なら en bas / downstairs を使う.

41 d Le soleil est sur le point **de se coucher**.

*The sun is about **to set**.*

42 b Ma tante va tous les étés **chez sa famille en France**.

*My aunt visits **her family in France** every summer.*

43 a Mon père se sent faible **après sa maladie**.

*My father is feeling weak **after his illness**.*

44 h Nous utilisons une calculatrice **pour faire nos comptes**.

*We use a calculator **to do our accounting**.*

145 i Un imperméable léger est idéal **pour voyager**.

*A light raincoat is ideal **for traveling**.*

練習問題 11 < 146-147 >

---

146 Un Japonais arrive dans un hôtel de province en France.

Sur [**la porte** / le pont] de l'hôtel il [écrit / **lit**] :

« Ici on parle toutes les langues ».

Il essaye de parler au directeur en japonais, en anglais, et en allemand.

[**Pas de réponse** / Pas encore]. Il demande alors en français :

— Qui donc parle ici toutes les langues ?

Le directeur de l'hôtel répond [rarement / **tranquillement**] :

— Ce sont les [**clients** / invités].

日本人男性がフランスの田舎のホテルにやってきた.
彼はホテルの[**ドア** / 橋]に次の文言を(見つけて)[書く / **読む**].
「ここではあらゆる言葉が話されています」.
(そこで)彼は支配人と日本語, 英語, ドイツ語で話そうと試みる.
ところが[**返事がない** / まだです]. そこで, 彼はフランス語でこう尋ねた.
「ここですべての言葉を話すというのは一体誰のことなのですか」
ホテルの支配人は[まれに / **静かに**]答えました.
「(ホテルの)**お客様** / 招待客]でございます」

147 La valeur d'un diamant, comme toute autre pierre précieuse, dépend de [s
matière première / **sa qualité** / son pays producteur] et de sa taille, et
va sans dire que certains diamants sont hors de [**prix** / saison / service
Il y a même un diamant bleu dont on dit qu'ils portent malheur à ceux qui le
possèdent. Il s'appelle [calmement / **ironiquement** / naturellement] "Hop
Diamond".

ダイヤモンドの価値は, 他の宝石と同じく, その[原材料 / **品質** / 生産国]とサイズによ
て決まり, 当然のことながら一部のダイヤモンドは[**法外に高価** / 的はずれ / 故障中]とな
ります. 所有者に不運をもたらすと言われている青いダイヤモンドさえあります. それ
[冷静に / **皮肉にも** / 当然]「ホープダイヤモンド」と呼ばれています.

48 Bonjour, je [m'appelle] Nicolas. Je suis suisse, je [viens] de Lausanne. Je suis étudiant en économie à l'université de Genève. J'aime la natation. J'[adore] le Japon, alors j'[étudie] le japonais depuis un an. Je [cherche] une correspondante japonaise.

49 Est-il exagéré de dire que les rues commerçantes [vont] bientôt disparaître ? Plusieurs détaillants en ligne [développent] des systèmes dans lesquels des drones sans pilote [livrent] des produits à la porte d'un consommateur quelques minutes après avoir appuyé sur le bouton d'achat. L'aube de l'industrie du transport sans humain [approche] à grands pas.

─部歯ごたえのある問題も入れてあります.

50 ❷ 番号順に「白髪」「大きな建物」「ブラックコーヒー」の意味で, ④は「緑信号」が直訳, 日本語の「青信号」に相当.

51 ❹ 順に「ビールを飲む」「水を飲む」「紅茶を飲む」「薬を飲む」の意味. 言うまでもなく❹は「飲み物」boisson [nf] ではない.

52 ❸ 「4月に」「12月に」「月の光を浴びて」「10月末に」で ❸は月名とは無関係.

53 ❷ ❷はやや難の言い回し「配管工事をする」の意味. 他は順に「診察室」「手術室」「(自分の)体温をはかる」となり病院と関係がある.

54 ❹ 順に「急ブレーキを踏む」「車を飛ばす」「(人が主語で)駐車場に車を停める」(車が主語なら stationner)「車椅子生活を送る」の意味.

155 ❸ 順に「帽子を脱ぐ」「スカーフを巻く」「引き出しの中を整理する」「厚着を⸃ る」の意味.

156 ❷ 順に「ビターチョコ」「郷土料理」「ピリッとした料理」「甘口のワイン」. 味覚を 直接的に表現していないのは❷となる.

157 ❶ ❶は「無神論者である」の意味. 他は「洗礼を受ける」「告解せずに死ぬ」(カ⸃ リックでは「懺悔」とは訳さない)「ミサに行く」の意味. この問題はやや難.

158 ❹ ❹は「自動操縦装置」のことで職業(パイロット)ではない. 他は「警察官」「舮 大工」「国家公務員」.

159 ❹ 髪を整える「スタイリングムース」のこと. 他は「ホットチョコレート(ココア)」 「カフェイン抜きコーヒー」(décaと略される)「フルーツジュース」の意味.

160 ❸ キリンは「家畜」ではなく「野生動物」animaux sauvages に分類される. 他は 「豚」「七面鳥」「牛」.

161 ❹ ナイチンゲール(サヨナキドリ)は鳥, 他は海洋生物「クジラ」「イルカ」「アシ カ」の順に並んでいる.

162 ❹ 「蛇」は昆虫ではなく「爬虫類」reptiles, 他は「ハチ」「アリ」「ハエ」. 無毒の「蛇 を総称する couleuvre [nf] も覚えておきたい. なお, insecte [nm] は専門的 な用語なので, 日常会話で「虫」を指す際には petite bête と呼ぶことが多い.

163 ❷ cascade [nf] は「滝」. ちなみに「大きな滝, 瀑布」は cataracte [nf] という(例 les cataractes du Niagara「ナイアガラの滝」). 他は「星」「彗星」「銀河」.

164 ❷ goutte de pluie は「雨粒」で phénomènes climatiques habituels ではある ものの, inhabituels ではない.「虹」「雷雨」「稲妻」は習慣的な通常の気象現象 ではない.

165 ❹ perruque [nf]「ウィッグ, かつら」はふつう就寝前にはずすもの. 他はナイ⸃

ティとして着用する「ベビードール」「パジャマ」「ガウン」を指す.

66 ❸ refuser は accord の反意になる動詞. 他は① ④が「同意する」②が「和解する」の意味.

67 ❶ céder は反意,「譲る」の意味. 他は「守る, 保持する」の意味.

68 ❸ indifférent(e) は「無関心な」の意味で, 他の3語は「怠惰な」という意味合い.

69 ❹ vigoureux(se) は la vigueur「(肉体・精神の)力強さ」から派生した形容詞. 他は「ひどい, ぞっとする」のニュアンス.

練習問題 14 < 170-179 >

70 A : Mon fils se couchait sur le **dos**.

B : L'escargot a une coquille sur le **dos**.

A 「息子は仰向けで寝る」(↔ sur le ventre)
B 「カタツムリは背中に殻がある」

71 A : Nous avons des ongles au bout des **doigts**.

B : Le **doigt** est une partie de la main.

A 「指先には爪がある」
B 「指は手の一部」

72 A : Nous entendons avec nos **oreilles**.

B : L'âne a de longues **oreilles**.

A 「私たちは耳で聞く」
B 「ロバは耳が長い」

73 A : Nos jambes se plient au **genou**.

B : Elle a pris l'enfant sur ses **genoux**.

A 「足(脚)は膝で曲がる」
B 「彼女は膝に子供を乗せた」

174 A : Je respire par le **nez**.

B : Je sens avec mon **nez**.

A「私は鼻で呼吸する」

B「鼻で匂いを嗅ぐ」

175 A : Nous voyons avec nos **yeux**.

B : Mon chat noir a les **yeux** bleus.

A「私たちは目で見る」

B「うちの黒猫は目がブルーだ」

176 A : Je vais à la fac à **pied**.

B : Mes parents vivent au **pied** du Mont Fuji.

A「徒歩で大学に行く」

B「両親は富士山の麓で暮らしている」

177 A : Elle portait un foulard autour de la **tête**.

B : Mon oncle est à la **tête** d'une entreprise.

A「彼女は頭にスカーフをかぶっていた」

B「おじはある会社のトップです」

178 A : Ne parle pas la **bouche** pleine !

B : J'en ai l'eau à la **bouche**.

A「食べ物をほおばったまま話さないで」

B「よだれが出そうだ」

179 A : J'ai serré la **main** de ma tante en signe de réconciliation.

B : Tu t'es lavé(e) les **mains** ?

A「仲直りのしるしにおばと握手した」

B「手は洗ったの」

練習問題 15 < 180-189 >

180 A : On fait le **pain** avec de la farine de blé.

B : Le **pain** et le beurre ont bon goût.

A「パンは小麦粉で作られています」

＊ farine は「(穀物の)粉」を指すが farine 1語で「小麦粉」の意味で使われる.

B「バター付きパンはおいしい」

＊ 食べ物や飲み物が「おいしい」の意味で avoir bon goût (↔ avoir mauvais goût)を使う.

81 A : La sauce à la **moutarde** se marie bien avec ce plat.

B : J'ai mangé des saucisses avec de la **moutarde** de Dijon.

A「この料理にはマスタードソースがよく合います」

＊ se marier は「うまく組み合わされる, 調和する」の意味.

B「ソーセージにディジョンのマスタードをつけて食べた」

＊ saucisse [nf] は通常, 加熱調理する「ソーセージ」を指し, そのまま食べるものなら saucisson [nm] を使う.

語源 sal → sau「塩」

saucisse にも saucisson にも, 味もさることながら, 長期保存のために「塩」が入っている. sauce [nf]「ソース」に「塩」は欠かせないし, salade [nf] にも「塩」が加えられる. salaire [nm]「給料」も古代ローマの兵士には「塩」を購入するための費用だったことから来ている.

82 A : La souris aime manger du **fromage**.

B : En France, on mange du **fromage** à la fin du repas.

A「ネズミはチーズを食べるのが好きだ」

B「フランスでは食事の終わりにチーズを食べる」

＊ デザートの前に, あるいはデザート代わりにチーズを食べるという意味.

83 A : L'odeur du **poivre** me fait éternuer.

B : Mon père a les cheveux **poivre** et sel.

A「コショウの匂いを嗅ぐとくしゃみが出ます」

＊ éternuer「くしゃみをする」は DELF A レベルを超えている. ちなみに擬音語「ハクション」は atchoum と綴る.

B「父はごま塩頭です」

＊ フランス語では「コショウと塩の毛髪」となる.

84 A : Le **riz** pousse dans un sol humide.

B : Le **riz** est l'aliment de base des Japonais.

A「米は湿った土壌で生育する」

B「米は日本人の主食です」

185 A : Une tasse de **café**, ça réveille le matin.

B : Tu aimes le **café** expresso ?

A「1杯のコーヒーで, 朝, 目が覚める」

B「エスプレッソコーヒーは好きですか」

186 A : Ma petite fille adore la douceur du **miel**.

B : Où irons-nous pour notre lune de **miel** ?

A「孫娘は蜂蜜の甘みが大好きです」

B「ハネムーン(=voyage de noces)はどこに行こうか」

＊ ハネムーンが「蜂蜜」honeymoon由来の「蜜月」であることを知らない人もいるようだ.

187 A : Cette nuit on voit un **croissant**.

B : Au petit déjeuner, j'ai mangé des **croissants**.

A「今夜は三日月が見えます」

B「朝食にクロワッサンを食べた」

188 A : J'ai acheté une brique de **lait** au supermarché hier.

B : Vous désirez du sucre, du **lait** ?

A「昨日スーパーで牛乳を1パック買いました」

B「砂糖とミルクはいかがですか」

189 A : La cérémonie du **thé** japonaise met l'accent sur l'étiquette.

B : Le **thé** oolong se marie bien avec la cuisine chinoise.

A「日本の茶道は礼儀を重んじる」

B「中華料理にはウーロン茶が合います」

練習問題 16 < 190-199 >

190 Le travail principal d'un [avocat] est de défendre quelqu'un devant un tribuna

＊「法廷で誰かを弁護するのが主な仕事」である職業は**弁護士**.

191 Beaucoup de garçons rêvent d'être [pilote] assis dans le cockpit.

＊「多くの少年はコックピットに座る**パイロット**になることを夢見ています」の意味.

2 Les **[pompiers]** sont les premiers à se précipiter sur les lieux de l'incendie.

＊通常「いの一番に火災現場に急行する」のは<u>消防士</u>.

3 La gestion du sommeil est difficile pour les **[chauffeurs]** de taxi.

＊適語を入れて「<u>タクシー運転手</u>は睡眠管理が難しい」とする. chauffeur [nm] は「トラック運転手」も指す.

4 Il n'est pas exagéré de dire que la réputation d'un **[chirurgien]** est déterminée par le succès ou l'échec d'une opération.

＊「<u>外科医</u>（ちなみに médecin [nm] は「内科医」）の名声は手術の成否で決まると言っても過言ではない」という意味.

5 Les **[alpinistes]** escaladant les montagnes hivernales sont toujours en danger.

＊適語を入れると「冬山に登る<u>アルピニスト</u>は常に危険と隣り合わせだ」となる.

6 En un sens, **[l'architecte]** peut être appelé l'auteur de la maison ou du bâtiment.

＊「ある意味では, 家屋や建物の『作者』と呼べる」職業は<u>建築家</u>.

7 Les **[infirmiers / infirmières]** jouent un rôle important dans l'accompagnement des patients et des médecins.

＊「<u>看護師</u>は患者と医師を支える大事な仕事だ」とする.

8 Certains **[peintres]**, tels que Van Gogh et Modigliani, ont acquis une renommée posthume.

＊「ゴッホやモディリアーニのように, 死後に名声を博した<u>画家</u>もいます」.

9 Il y a des **[pianistes]** aveugles qui sont connus pour leurs touches de clavier qui touchent le cœur du public.

＊「観客の心を打つ鍵盤のタッチで知られる盲目の<u>ピアニスト</u>たちがいます」の意味. たとえば, Ray Charles, 日本人なら梯剛史, 辻井伸行といった人たち.

200 On attend le métro [**à l'arrêt de bus, sur la voie, sur le quai**].

＊地下鉄を「バス停」や「線路(番線)上」で待つ人はいません.「プラットホームで」待ちます

201 [**La poussette, Le chariot de supermarché, Le vélo électrique**] a un moteu

＊「ベビーカー」や「スーパーのカート」にエンジンは搭載されていません.「電動自転車」▶
その名の通りです.

202 Le TGV veut dire : [**Train à Grande Valeur, Train à Grande Ville, Train**
Grande Vitesse].

＊Vは vitesse「速度」を表し, TGV は「超高速列車」の意味.

203 *Monter dans un avion* s'appelle « [**atterrir, décoller, embarquer**] »

＊「飛行機に乗ること」は「搭乗する」で,「着陸する」「離陸する」とは言いません.

204 Les passagers et l'équipage doivent [**attacher, détacher, vérifier**] leur
ceintures de sécurité avant le décollage.

＊乗客も乗務員も離陸前にシートベルトを「締める(装着する)」はず.

205 À l'exception de certaines sections, [**le métro, le monorail, le piéton**] pass
sous terre.

＊地下を走る乗り物なのは「地下鉄」.

206 Il n'y a pas de passagers dans [**le train express, le train hors service,** ▶
train omnibus].

＊「急行」や「各駅停車」に乗客はいますが,「回送電車」(直訳は「営業していない電車」)に▶
乗客はいません.

207 Bien sûr, [**le scooter, le taxi, le tramway**] est un type de transport e
commun.

＊「路面電車」は公共交通機関, scooter や taxi は un type de transport individuel「個人自
な輸送手段」と分類されます.

08 Avant de restituer le véhicule, vous devez faire [**la moitié du chemin, le ménage, le plein**].

＊レンタカーを返す際のルールとなり得るのは，「道のりの半分を進むべき，家を掃除すべき，満タンにすべし」のどれか.

09 [**Un corbillard, Un camion de pompier, Une ambulance**] est un véhicule qui aide les personnes tombées subitement malades.

＊急病人は「霊柩車」や「消防車」とは直接結びつかない.

練習問題 18 <210-219>

10 Le boulanger vend [**des croissants, du pain, ~~du poisson~~**].
パン屋で du poisson は販売されていない.

11 L'épicier vend [**de l'huile d'olive, des conserves, ~~des journaux~~**].
食料品店で通常 des journaux は扱わない商品.

12 J'ai acheté [**des aubergines, ~~des jouets~~, des poivrons verts**] chez le primeur.
八百屋で des jouets は買えない.

13 J'ai acheté [**des chrysanthèmes, ~~des couleurs à l'huile~~, un pot de fleurs**] chez un fleuriste.
花屋では des couleurs à l'huile は買えない. ちなみに「(水彩用の)絵の具」なら couleurs à l'eau [nfpl] という.

14 Les [**bouchers, charcutiers, ~~jardiniers~~**] vendent de la viande.
庭師は肉を扱わない. 肉屋さん boucher と charcutier は扱うジャンルに差異はあっても「肉」を販売している点で違いはない.

15 Je vais [**à la blanchisserie / à la boucherie**] pour faire laver mes draps.
「シーツを洗濯に出す」目的で出向く店は la blanchisserie です.

16 J'ai acheté du thon frais [**chez un poissonnier / dans un salon de coiffure**] local.
「新鮮なマグロ」は un salon de coiffure では手に入らない.

217 Je veux acheter du camembert, je vais [**au pressing** / **au supermarché**].

「カマンベール（チーズ）」を買いに le pressing に行く人はいません.

218 J'irai [**à la pâtisserie** / **dans un magasin de jouets**] avec ma fille pou
acheter des cartes à jouer.

「トランプ」を買うなら un magasin de jouets に行きます.

219 J'ai fait peindre mes ongles de manière colorée [**au gymnase** / **à l'institut d**
beauté].

爪にカラフルな色を塗ってもらえる場所は「体育館」ではなく「エステティックサロン」. [*]
お, manucure [nf] は「マニュキュア（術）」の意味で,「マニュキュア液」は vernis à ongle
[nm] という.

220 Pauline a mis **ses lunettes de soleil** de peur de se faire reconnaître.

　　解答 ❹ Paulineは人に気づかれるのを恐れて**サングラス**をかけた.

　　＊de peur de＋inf. ～するのを恐れて

　　① du parfum　香水をつけた

　　② sa chambre en ordre　部屋を整頓した

　　③ ses chaussures　靴を履いた

221 C'est le dernier train **à destination de** Londres.

　　解答 ❷ これはロンドン**行きの**最終電車です.

　　① à condition de　～という条件で, もし～なら

　　③ à proportion de　～に比例して, ～に応じて

　　④ à propos de　～に関して, ～のことで

　　＊「ロンドン発の電車」なら train <u>en provenance de</u> Londres となる.

222 L'examinateur joue **le rôle** d'un réceptionniste d'hôtel.

　　解答 ❸ 試験官はホテルの受付の**役**を演じます.

　　① jouer aux cartes　トランプをする

　　② jouer la finale　決勝戦を戦う

　　④ jouer l'indifférence　無関心を装う

3 Ma fille utilise le plus souvent son smartphone pour aller **sur Internet**.

解答 **④** 娘はたいてい**インターネットを**使うためにスマートフォンを利用しています.

① aller à l'école　学校に行く
② aller à son travail　仕事に行く
③ aller chez le coiffeur　美容院に行く
＊ aller sur Internet は「ネット上に行く」つまり「ネットを使う」の意味になる.なお, surfer sur Internet は少々古い言い回し.

4 Où étiez-vous **tout à l'heure** ?

解答 **③** (過去の動詞とともに用いて)**さっきは**どこにいたのですか.

① comme tout　まったく, とても
② heure par heure　1時間ごとに, 刻々と
④ tout de suite　すぐに

5 Combien de fois par mois allez-vous faire **du shopping** en moyenne ?

解答 **③** 平均して月に何回**ショッピングに**行きますか.

① faire de la fièvre　熱を出す
② faire du bruit　物音を立てる
④ faire une fortune　財産を築く

6 Votre collègue vous laisse un message sur votre **répondeur téléphonique**.

解答 **④** 同僚があなたの**留守番電話に**メッセージを残しています.

① aspirateur　掃除機
② four à micro-ondes　電子レンジ
③ imprimante　プリンター

7 Ma mère a une peau **sensible** qui rougit dès qu'elle s'expose au soleil.

解答 **④** 母は肌が**敏感で**, 太陽にあたるとすぐ赤くなります.

① douce　なめらかな
② malade　病気の
③ sale　汚れた

8 Mon patron est tellement **novice** en informatique qu'il ne connaît pas la signification du double-clic.

解答 **②** 上司はダブルクリックの意味を知らないくらいコンピュータ**初心者**です.

① expert　精通している, 熟練の
③ riche　豊かな, 豊富である
④ stérile　不毛の, 不妊な
＊ novice は「経験が浅い, 未熟な」という意味.

229 Pour chaque tranche de 10€ dépensés, vous recevrez 1 point sur votre car**te de fidélité**.

解答 ❶ 10 ユーロお支払いごとに, **ポイントカード**に 1 ポイントが付与されます

② carte de séjour　（外国人の）滞在証明書
③ carte de visite　名刺
④ carte des vins　ワインリスト

230 De manière générale, quelles sont les qualités qui vous donneront u**n** avantage lors d'un **entretien d'embauche** ?

解答 ❸ 一般的に言って, **就職面接**の際に有利な資質とはどのようなものでしょうか.

① bureau d'embauche　職業紹介所
② bureau de vote　投票所
④ entretien des routes　道路の整備

231 **Une péniche** est un bateau fluvial qui peut être construit ou transformé pou**r** servir d'hôtel ou d'autre type d'hébergement.

解答 ❶ **（ホテル）バージ**というのは川船で, ホテルないしはその他のタイプの**宿**泊施設として使うために建造, 改造されたものです.

② un paquebot　客船
③ un pétrolier　タンカー
④ un vaisseau de guerre　軍艦
＊une péniche は「ホテルバージ（＝péniche hôtel）」の意味.

232 La France est un grand pays agricole, **sa production** représentant enviro**n** 20% de l'UE.

解答 ❸ フランスは農業大国で, その**生産量**はEU（欧州連合）の約20%を占めています.

① sa consommation　消費（量）
② sa demande　需要

④ son coût de la vie　物価

3 Une grande quantité de données est stockée sur **le disque dur**.

解答 ❸ **ハードディスク**には大量のデータが保存されています.

① la souris　マウス
② le clavier　キーボード
④ le pavé numérique　テンキー

4 **Faire de l'équitation** est paraphrasé comme monter à cheval, et une personne qui monte à cheval s'appelle un cavalier (une cavalière).

解答 ❶ 「**乗馬をする**」は馬に乗ると言い換えられ,「馬に乗る人」は騎乗者(騎手)と呼ばれる.

② faire du patinage　スケートをする
③ jouer au billard　ビリヤードをする
④ jouer aux courses　競馬で賭ける

5 Elle vient **d'emménager** dans son nouveau studio à Lyon.

解答 ❷ 彼女はリヨンの新しいワンルームマンションに**引っ越した**ばかりです.

① de déménager　旧居を引き払う, 移転する
③ de relocaliser　(施設・役所を)移転する
④ d'immigrer　(他国から)移住する(↔ émigrer)

6 Est-ce que vous travaillez **à domicile** en utilisant Zoom ou quelque chose ?

解答 ❶ あなたはZoom(ズーム)などを使って**自宅**で仕事をしますか.

② à tout prix　どんな犠牲を払っても, ぜひとも
③ en désordre　乱雑に
④ en surface　うわべだけ, 表面的に

7 Quel est le problème, mon ordinateur ne **démarre** pas.

解答 ❶ どうした不具合なのかパソコンが**起動しない**.

② imprime　印刷する, 出版する
③ initialise　初期化する
④ télécommande　遠隔操縦(リモートコントロール)する

＊ 単純に和訳で考えるとどれも選べそうだが, ここは目的語がないので選べるのは自動詞.

8 Quelle est la **vitesse de pointe** du T.G.V. ?

解答 ❸ TGVの**最高速度(トップスピード)**はどれぐらいですか.

① la durée déterminée　一定期間
② la durée du travail　労働時間
④ la vitesse du vent　風速

239　Bonjour, je voudrais aller à la cathédrale de Chartres. Pourriez-vous m'indique▪ **l'itinéraire** ?

解答 ❹ こんにちは, シャルトルの大聖堂に行きたいのですが. **行き方(ルート▪** を教えていただけないでしょうか.

① la situation　状況
② le processus　過程, プロセス
③ le progrès　進歩, 向上

240　J'aime bien jouer [**au golf** / au jogging / au ski].

＊「私はゴルフをするのが好きです」の意味で, jouer を「(球技スポーツ)をする」と使う.
かし, ジョギングやスキーは「球技」ではないので, faire du jogging, faire du ski(＝skie▪ といった言い回しを用いる. jouer は使えない.

241　Mon père joue [**à cache-cache** / **100 euros sur ce cheval** / du patinage▪ **roulettes** / **du piano**].

＊上記の問題のように球技をするなら jouer が使えるが, 球技でないスポーツには faire 使われ, faire du patinage à roulettesで「ローラースケートをする」の意味になる. 他は「 くれんぼをして遊ぶ」, 「あの馬に100ユーロ賭ける(この jouer は他動詞)」, 「ピアノを弾く となり父親の行動を jouer で表現できる.

242　Gabrielle s'est remariée avec Jean qui avait déjà un fils, Noah. Noah est ▪ [**beau-fils** / fils unique / petit-fils] de Gabrielle.

＊訳すと「ガブリエルはジャンと再婚し, ジャンにはすでに息子ノアがいた. ノアはガブ エルの[義理の息子 / 一人息子 / 孫息子]になる」となる.

243　Michelle est [**quelqu'un de très gentil** / quelqu'une de très gentille▪ quelqu'un de gentillesse / quelqu'une de gentillesse].

* quelqu'un de très gentil, すなわち < quelqu'un de + [形容詞男性単数形] > 「(誰か)
〜な人」の形だけが正しい. なお, Michelle は女性だが quelqu'une とはしない. 訳は「ミ
シェルはとてもやさしい人です」となる.

44 J'ai gagné [des kilos / **du temps** / **ma vie** / un premier prix].

* 順に「私は数キロ太った」「時間を節約する」「生活費を稼ぐ」「1等賞をとった」とすべて成
立しそうなのだが,「体重が増える」なら prendre du poids, prendre des kilos と表現す
る. また, 特定化された <u>le</u> premier prix なら gagner できるが不定冠詞では不適当.

45 Elle a pris [**du bénévolat** / son petit-déjeuner / une douche / **un secrétaire**].

* 「ボランティア活動をする」は faire du bénévolat という. 他は「彼女は朝食をとった」
「シャワーを浴びた」「秘書を雇った」となり prendre を用いた正しい言い回し.

46 J'ai payé mes factures [**par chèque** / par douzaines / par la force / **par
prélèvement**].

* par douzaines は「ダースで」, par la force は「力ずくで」の意味なので「請求書の支払い」と
はつながらない. par chèque「小切手で」, par prélèvement「口座振替で」なら成立する.

47 Elle [allume / **chauffe** / **range** / réforme] le salon.

* 「居間をリフォームする」を表現する際に réformer は使えない.「改装(改築)する」には
rénover,「改修する」なら aménager といった動詞を使う. また「居間の明かりをつける」
なら allumer <u>la lumière</u> dans le salon などと表現する.「居間を暖かくする」「居間を掃除
する(片づける)」はこのまま成立する.

48 Il pleut [**à torrents** / averse / des cordons / **par intermittence**].

* averse は「にわか雨」を意味する女性名詞. à verse なら Il pleut à verse. で「どしゃ降り」
の意味になる. また, corde [nf]「つな, ロープ」を用いて, Il pleut des cordes.「どしゃ降り」
という言い回しはあるが, cordon [nm]「ひも」は使わない. 残り2つは「滝のように降る」
「降ったりやんだりする」の意味になる.

49 À la fin de l'automne, il y a souvent [**de la brume** / **des gelées** / des bruits /
du brouillard].

* 順に訳をつけるなら「晩秋にはよく靄(もや)がかかる/ 霜が降りる / 騒音(異常な音)がす
る / 霧がかかる」. 適切でないのは des bruits となる.

50 Ma mère est [maniable / **maniaque**] dans ses rangements.

＊「母は偏執的な整頓魔だ」の意味にしたい. manie [nf]「熱中, 偏執」から派生した形容
maniaque を選ぶ. maniable は「扱いやすい」の意味で une perceuse maniable「操作
やすい電気ドリル」などと使う.

251 Il va [mettre / **porter** / s'habiller] une cravate violette à la fête.

＊mettre は「(衣服などを)身につける」動作を指し, s'habiller はうしろに直接目的語を
らない.「様態を表す副詞(句)」を添えて「〜の服装をする」の意味で用いることはでき
この文は「パーティーには紫のネクタイをしていくつもりだ」の意味なので porter (状態
しかふさわしくない.

252 Elles sont françaises, d'origine [immigrée / **italienne** / protestante].

＊「彼女たちは〜出身のフランス人」ということで出身(国籍)がポイント.「イタリア出身
が適当.「移民した」「プロテスタントの」は不適当.

253 Il fait [**dix degrés** / **du soleil** / pluie fine / temps de se lever] ce matin.

＊非人称構文で「今朝は気温が10度です」「日が照っています」は問題ない. しかし後半
2つ「今朝は小雨だ」なら名詞 pluie fine や petite pluie ではなく, Il pleut légèrement
matin. と動詞 pleuvoir を使うのが通例, また「さあ起きる時間ですよ」なら Il est temp
de se lever. と動詞 être が使われる.

254 N'oubliez pas de prendre [**de l'essence** / **des médicaments** / **du pain** / **l'air**]

＊「ガソリンを入れる(給油する)」は prendre de l'essence, acheter de l'essence あるい
「満タンにする」faire le plein と表現する. 他も「薬を飲むのを忘れないでください」「パ
を買うのを」「一息入れるのを(外気を吸うのを)」で文意は通じる.

255 Ma femme n'a pas dit [en français / **la vérité** / son avis / **un mot**] en public.

＊「フランス語で話す(おしゃべりする)」は自動詞 parler や bavarder, causer などを使
て parler [bavarder, causer] en français という. また「自分の意見を言う」は donner so
avis で dire は用いない. 残りの2つは順に「妻は人前で本当のことを言わなかった」「一
も口をきかなかった」となり成り立つ.

256 Marie passe [**du temps** / **l'aspirateur** / le sol / **son bac**].

＊passer du temps avec qqn あるいは passer du temps sur qqch という形で使うのが通
passer du temps だけでは通常使われない. ちなみに, 定冠詞を用いた passer le temps
ら perdre son temps, tuer le temps「時間を無駄にする」という意味になる. また「(モッ
などで)床を掃除する」を言い表すには laver le sol という言い方をする. 日本語の感覚
essuyer「拭く」を用いるとこぼれた水などを「拭き取る」という意味.「掃除機をかける」「

カロレア（bac＝baccalauréat:大学入学資格試験）を受験する」には passer が使える.

57 Le ministre a donné [**une discussion** / une interview / un conseil / un mensonge] dans son bureau.

　＊「大臣は執務室でインタビューに応じた」「忠告をした」には donner が使えるが,「議論をする」なら avoir une discussion,「嘘をつく」なら dire un mensonge あるいは mentir という.

58 Elle a battu [**le clavier de l'ordinateur** / le record du monde / les cartes / son mari].

　＊「パソコンのキーボードを叩く」には他動詞 frapper を使うか, 間接他動詞 taper を用いて taper sur le clavier de l'ordinateur などとする. 他は順に「世界記録を更新した」「トランプを混ぜた」「夫をなぐった」の意味になる. ちなみに, battre un tapis「絨毯をたたく」といった一部の言い回しを別として「（物を）叩く」の意味では battre を用いない.

59 Ils [**concentrent** / parlent / rient / somnolent] en classe.

　＊この文は自動詞でないと成立しない.「彼らは授業中にしゃべる, 笑う, うとうとする」は成立するが, concentrer「集中する」は具体的に何に集中するか目的語を必要とする.

練習問題21 < 260-269 >

---

60 ❸ se mettre à genoux「ひざまずく」という言い回しはありますが「ひじまずく」はありません. 残りは順に「歯を磨く」「手を洗う」「足をくじく」の意味.

61 ❷ bouillir は自動詞で「水がわく」「シチューなどが煮える」の意味. もし「コーヒーを沸かす」と言いたいのなら faire bouillir du café といった言い方を使う. なお, 残りは順番に「コーヒーを飲みに行く」「お茶をいれる」「おいしい紅茶を準備する」の意味.

62 ❸「夕食をとる（食べる）」は prendre le dîner か dîner と表現する. あとは順に「レストランで昼食を食べる」「間食する」「朝食を準備する」の意味.

63 ❸ passer ではなく repasser で「アイロンをかける」の意味. ①changer les draps「シーツを替える」はシーツが複数である点に注意. 海外ではシーツと

シーツの間に挟まって寝るスタイルが多くある. フランスもしかり. ②は「ト
イレを掃除する」, ④「洗濯物をすすぐ」の意味.

264 **❹** これは文法にからむ問題. 国名を使って "venir de＋[国名]" の形を用いる際
に女性名詞の国は「(無冠詞)国名」を使う. したがって, **❹** は venir de Chine
として「隣人は中国から来ています」となる. 他は, 順に「おばは来年オランダ
に行く」「秘書はモロッコ出身です」「おじは3年イラクで暮らしていた」など.
③の Irak は男性名詞ですが, 母音で始まる国なので en Irak とします.

265 **❷** 名詞 bête -形容詞 bêtise「愚かな」となるので条件からはずれます(ちな
みに「動物」bête には直接該当する形容詞がありません). 他は artistique,
asiatique, diplomatique, folklorique が形容詞になります.

266 **❷**「頻繁に」>**❺**「しばしば」>**❶**「ときどき」>**❸**「ときには」>**❹**「まれに」の順で
頻度順が下がります.

267 **❺**「ご注文はお決まりですか？」は店側が使う言い回し. あとは ①「これは私が
注文したものではありません」, ②「すみません, スプーンを落としてしまい
ました……」, ③「すみません, 45 ユーロのメニューにします」, ④「どんな白
ワインがありますか」の意味.

268 **❷**「今ならお買い得です」というお客さんはいないはずです. 残り ①「これは自
分にぴったりのサイズです」, ③「見ているだけです」, ④「靴売り場はどこで
しょうか」⑤「今, バーゲン(安売り)をやってますか」は客が使う言い回し.

269 **❸** この文が適当なのはたとえば知人の退院時,「全快おめでとう」の意味です.
他は ①「この近くにお土産屋はありますか」, ②「写真を撮ってもいいです
か」, ④「英語が話せるガイドさんをお願いします」⑤「タクシーでどのくらい
いかかりますか」なので観光客が使う言い回し.

ランス語圏に住んでいれば別ですが, テキストなど机上で学習している方にとって商売
名前(店舗)はなかなか覚える余裕のないジャンル. しかし,「毎日の生活に直接関連す
事項」なので DELF A では大事な出題項目です. shopping en ligne など便利な時代です
, 魚を une poissonnerie で買い, une laverie automatique で洗濯するのは日常生活の
事な一コマですね.

270 Est-ce que le kilométrage est limité ?　　**AGENCE DE LOCATION DE VOITURES**

走行距離に制限はありますか.　　**レンタカー営業所**

＊kilométrage [nm] は「走行距離」(＝parcours [nm])のこと.

271 Est-ce que le niveau A2 est trop élevé pour moi ?　　**ÉCOLE DE LANGUES**

A2は私にはレベルが高すぎますか.　　**語学学校**

＊élevé(e) は「高い, 高度の」意味で, niveau élevé で「高水準」の意味.

272 Est-ce que vous auriez des conserves de bœuf ?　　**ÉPICERIE**

コンビーフは置いてますか.　　**食料品店**

＊épicerie ではワインや日用雑貨なども扱っている. "コンビニ"(supérette [nf]) の感覚で
この単語を使う人もいる. conserve de bœuf [nf] は「コンビーフの缶詰」, これを bœuf en
conserve [nm] とすると, 中身を缶詰から取り出した「(缶詰の)コンビーフ」の意味になる. な
お, 缶詰でもそうでなくとも「コンビーフ」は英語を使って corned-beef [nm] とも呼ばれる.

273 J'aimerais avoir mes affaires, s'il vous plaît.　　**CONSIGNE**

荷物を受け取りたいのですが.　　**(駅の)手荷物一時預かり場**

＊affaire [nf] は‹ à+faire ›「するべき〜」が語源であるため「事柄, 用事, 厄介事, 事件, 取引」
など多様な意味で使われるが, 複数形なら「ビジネス」あるいは「所持品, 持ち物」の意味.

274 Je voudrais me faire réveiller à cinq heures et demie.　　**SERVICE D'ÉTAGE**

5時半に起こして欲しいのですが.　　**ルームサービス**

＊「ルームサービス」は service en chambre [nm] ともいう.

275 Je voudrais prendre rendez-vous pour un nettoyage de peau.

INSTITUT DE BEAUTÉ

スキンケアの予約をしたいのですが.　　**エステティクサロン**

＊nettoyage [nm]「掃除,（衣類などの）クリーニング」の意味なので, 直訳は「皮膚の洗浄（　
キンクリーニング）」といった意味になる.

276 Comment ça se prépare, Monsieur ?　**POISSONNERIE**

これはどんな風に料理するのですか.　**魚屋**

＊店の人に魚の料理法を訪ねています. 代名動詞 se préparer は「（料理が）準備される, 支　
される」という意味.

277 Quelles montures avez-vous à me proposer ?　**OPTICIEN**

どんな（眼鏡の）フレームがお勧めですか.　**眼鏡屋**

＊monture [nf] は「（メガネの）フレーム」のこと. proposer à *qqn* で「人に勧める」の意味　
ので, 直訳は「私に勧めるどんなフレームがありますか」となります.

278 Qu'est-ce que vous avez comme journaux anglais ?　**KIOSQUE**

英字新聞はありますか.　**キオスク**

＊Qu'est-ce que vous avez comme 〜 ? は応用範囲が広い, たとえば「デザート[飲み物,
ンドイッチ]は何がありますか」なら Qu'est-ce que vous avez comme dessert [boisso
sandwichs] ? と表現できます.

279 Voulez-vous me réparer ce talon, s'il vous plaît ?　**CORDONNERIE**

この靴の踵（かかと）を修理していただけますか.　**靴の修理屋**

＊talon [nm] は「（身体部の）踵,（靴や靴下の）踵,（靴の）ヒール」の意味. たとえに　
(chaussures à) talons hauts で「ハイヒール（の靴）」を指す.

練習問題 23 < 280-299 >

280 Salut, Floriane, quoi de neuf ?「何か変わったことは」という定番の挨拶（会訓
の誘いとなる一文）に, これまた **H-** Pas grand chose.「特に何も」と応じるお決
まりの応答. Rien de spécial.「別に何も」という対応もあります. 親しい相手と
の会話です.

281 Comment vont les affaires ?「仕事はどう（調子は）」という問いかけに対し
B- Je ne peux pas me plaindre.「まあまあ順調です」（＝Pas mal.）と応じていま

82 Quelle surprise de vous voir ici !「こんなところでお会いするとは」と驚く相手に, **G-** Oui, que le monde est petit !「ええ, 世間は狭いですね」と対応します.

83 人と分かれる際の定番, Bon, je dois partir.「さてと, そろそろ行かないと」の一言に対して **A-** Déjà ? Quel dommage !「えっ, もう. それは残念だ」という返事.

84 C'était agréable de parler avec toi, Morgan.「モルガン, 君と話せてよかった」に対して **I-** Pour moi aussi. Au revoir.「私も同じですよ(こちらこそ). さようなら」と応じる形.

85 「以前にお会いしたことがありましたか」Nous sommes-nous déjà rencontrés auparavant ? という問いに, 「いいえ, そうは思いませんが」**D-** Non, je ne pense pas.でつながります.

86 Est-ce que quelqu'un est assis ici ?「この席にはどなたかおいでですか」に G の返事は妙です. 選択肢では **C-** Non, allez-y.「いいえ, どうぞ」が自然です.

87 Pourriez-vous me faire de la place ?「席をつめてもらえますか」の問いに, ここは **E-** Oui, bien sûr.「はい, もちろん」と快く応じます.

88 Avez-vous une préférence quant à votre siège ?「席のご希望はありますか」と問われましたので, **F-** Oui, j'aimerais avoir un siège près de la fenêtre.「ええ, 窓側の席をお願いします」となります. ちなみに「通路側の席」なら un siège côté couloir です.

89 Excusez-moi, mais je pense que vous êtes assis(e) à ma place.「すみませんが, 私の席に座っておいでですが」という指摘に, **J-** Vraiment ? Oh, j'en suis désolé.「本当ですか. いや, すみません」となります. 蛇足ですが, 私, TGVで席がダブルブッキング double réservation だった経験があります. 満席のため1時間半ほど立っていました.

90 Il fait beau et chaud, n'est-ce pas ?「晴れてポカポカですね」に対して, 天気の話で応じる **G-** J'espère que ça va continuer comme ça.「こんな天気が続くと

いいですね」が自然な流れ.

291 À quelle fréquence dois-je le prendre ?「これをどのぐらい服用するのですか」と薬についての問いですから, 選択肢から J- Prenez un comprimé trois fois pa[r] jour, après chaque repas.「日に3回, 食後に1錠飲んでください」を選べば話が つながります.

292 Nous sommes perdus. Pouvez-vous nous aider ? の問いで, 道に迷って, 助け を求めます. これにふさわしい応答は選択肢では I- Où est-ce que vous allez 「どちらに行かれるのですか」です. D で応じるのは不自然です.

293 Pardonnez-moi, savez-vous où se trouve la mairie ?「すみません, 市役所がど こにあるかご存知でしょうか」ですから, 知っていれば道案内しますが, ここに D- Désolé, je ne sais pas. Je ne suis pas d'ici non plus.「申し訳ないですが, わ かりません. 私もこのあたりは不案内でして」となります.

294 店員さんが Qu'est-ce que vous pensez de celui-ci ?「こちらなどいかがで しょうか」と商品を提示, それに対して A- C'est un peu simple pour ma fille. L'avez-vous dans une couleur différente ?「娘には少し地味ね. その色違いはあ りますか」と要求する展開です.

295 相手が Voulez-vous encore du gâteau ? と「ケーキをもっといかが」と勧めてき ました. これに対して H- Non merci. J'en ai déjà trop mangé.「結構です. もう たくさんいただきましたから」と断る流れです.

296 Combien de temps se conserve ce gâteau ? は「ケーキがどれくらい日持ち するか」という問いかけ. であれば, F- Environ deux ou trois jours si vous l[e] conservez au réfrigérateur.「冷蔵庫に入れておけば2～3日は大丈夫です」が返 答になります.

297 J'aimerais retourner ceci, s'il vous plaît. の retourner は「～を返品（返送）す る」の意味. ただ, その店で購入した証拠が必要でしょうから C- D'accord. Avez vous le reçu ?「わかりました. レシートはお持ちでしょうか」となります. つま[り]

らない私事ですが, パリの有名百貨店で靴を購入, 投宿先で箱を開けてびっくり. 右足が2足入っていました. もちろん返品しましたが, さて左足はいったいどこでペアになっているのやらと考えこみました.

⑱ Comment est le curry ?「カレーはどう」と味を打診されていますから, **E-** Eh bien, c'est un peu trop épicé pour moi.「う〜ん, ちょっと自分には辛すぎる(香辛料が効いている)」とすれば会話が成立.

⑲ Jean et Pascale se marient le mois prochain.「ふたりが来月結婚」だと聞かされて, **B-** C'est vrai ? C'est une nouvelle pour moi.「本当なの. それって初耳だけど」となります.

⑩ Elle m'a dit merci.　　彼女「ありがとう」だって.
　　D - C'est tout, après tout ce que tu as fait pour elle !
　　　それだけなの, あれだけのことをしてあげたのに.

⑪ J'ai eu une crevaison.　　タイヤがパンクしたんだ.
　　F - Et alors, qu'est-ce que tu as fait ?　　でその時, どうしたの.
　　☐ **crevaison nf**　*flat*
　　☐ **Et alors**（= et donc）

⑫ J'ai mal au côté depuis cinq jours.　　5日前から脇腹が痛いんだ.
　　A - À ta place, j'irais chez le médecin.　　僕なら (君の立場なら), 医師に行くよ.
　　☐ **côté nm**　*side*
　　☐ **à ta place**　*in your place*

⑬ J'étais très occupée pendant le voyage.　　旅行中はとても忙しかったんだ.
　　J - Tu aurais pu tout de même m'écrire une carte postale.
　　　それでも絵葉書の1枚くらいはよこせたろうに.
　　☐ **carte postale nf**　*post card*

⑭ Je peux vous voir un instant ?　　ちょっとよろしいでしょうか.

G - Excusez-moi, mais je suis pressé(e) …
　　すみません, 急いでますから……

305 Maman, j'ai causé longuement avec mes amis au café.
　　ママ, カフェで友だちと話しこんじゃったんだ.

　　C - Ce n'est pas une raison pour rentrer tard !
　　　だからって遅れていい理由にはならないわよ.

　　☐ **causer vi**　*talk, chat*
　　☐ **Ce n'est pas une raison pour …**　*This is not a reason for …*
　　　＊ だからといって〜していい理由にはならない

306 Où est-ce que tu as mal ?　　どこが痛いの.

　　B - Au pouce.　　親指です.

　　☐ **pouce nm**　*thumb*

307 Où est la poste ?　　郵便局はどこですか.

　　E - De l'autre côté de la rue.　　通りの向こう側です.

　　☐ **de l'autre côté de la rue**　*on the other side of the street*

308 Qu'est-ce qui t'arrive ?　どうしたの.

　　H - J'ai glissé dans les escaliers.　　階段で足を滑らせたんだ.

　　☐ **glisser vi**　*slip, slide*

309 Tu pourrais aller étudier au Canada ?　カナダに留学したらどうなの.

　　I - J'aimerais bien …　　（夢や希望）そうできたらいいな……

練習問題 25 ＜310-309＞

310-1　「スポーツをしますか」という問いに, **b**「いいえ, ほとんどしません. 月に1回
　　ジョギングをする程度です」が適当. a は「趣味はテレビでサッカーを見るこ
　　と」なので「あなたがスポーツをするのか」という問いへの返答としては適当
　　ではありません.

0-2 「ウインタースポーツは何が好きですか」という問いかけ. a「スキーです. 先月, シャモニーでスキーをしてきました」が応答として自然. b「冬は私が好きな季節です」では話が嚙みあいません.

0-3 a「友だちとテニスをするのが好きでした」, b「スポーツをするのは好きではなかった」の意味. 問いかけは「中学の時に何をするのが好きだったか」なので a が答えです.

1-1 「間食をしますか」なので, b「午後4時ごろ毎日ケーキを食べています」が返事になります. 「日に3度食事を取ります」となる a は返答には不適です.

1-2 客に注文をとる問いかけなので, b の「自分にはビール, 彼女にはパナシェ」が妥当. a は「連絡通路をヌイ駅方面に進んでください」という意味の文で会話がまるで成り立ちません.

1-3 「日本で人気の(具体的な)料理」と聞かれて「日本人は中華(ジャンル)が好き」では話の流れが少し妙です. 「日本人はたとえば寿司や天ぷらが好きです」と応じる b が妥当. なお, sushi, tempura ともに大半のフランス語の辞書に男性名詞として載っています. ただし, tempura は「不可算 invariable」と注記が添えられています.

2-1 「大学で何を教えていますか」と言う問い. a は「ほぼ5年経済を教えている」, b は「商学部で働いている」ですから, 適当なのは a になります.

2-2 「職業」を答えるので「ジャーナリスト」となる a が適当. b の「プールに行きます」では質問から dans la vie を削除して「(これから)何をしますか」Qu'est-ce que vous faites ? といった問いでないと返答にはなりません.

3-3 たとえば写真などを見ながら「この人は誰ですか」という問いなので, 名前を答える a が妥当. Vincent Crochon は本名, Vincent Cassel が芸名のフランス人俳優. b の「彼はずっと独身です」は不適当.

3-1 「普段は何時に起きますか」という問いかけ. b の「6時15分に起きます」が適当.

a は「6時半に目覚ましをかけた」という意味です.

313-2　ホテルでの確認「浴室付きのシングルはありますか」に対して「ええ, ございます. 165ユーロです. ご一泊でしょうか」となる **a** が妥当. b「いいえ, 当ホテルは全部で30室ございます」では応答になりません.

313-3　「何日ですか」と日付を問われています（Quel jour du mois sommes-nousも同義）.「2月2日」の **a** が適当.「秋です」と季節を答える b は不適.

314-1　「フランス人じゃないのですか」と問いかける否定疑問文. aの Oui という返事は Si としないと正しくありません. 返答は「いいえ, スイス人です」となる b が適切.

314-2　「どうしてフランス語を勉強しているのですか」と理由を打診されている文です. a「疲れていたから」と返事をすると不可思議な小説の世界にはなり得ても, 会話は成り立ちません. b「フランス語を話す人（フランス語圏の人）たちと話がしたいから」が妥当です.

314-3　「ベルギーでは英語を話しますか」の意味.地域によって「（南部, ワロン地域）フランス語（日常的にはワロン語を話す人も多い）と（北部, フランデレン地域）オランダ語（フラマン語とも呼ばれる）が話されている」とする **b** が答え.「ベルギー旅行の話をしましょう」は質問と無関係.

315-1　「いつ講義の復習をしますか」という問いかけ. a「図書館で」, **b**「夕方に」という返事なので,「いつ」に応じる **b** が正しい返答です.

315-2　大学での「専門, 専攻」を問われています.「人文科学の学生です」という **a** が正しい. b の意味は「私の専門外です」となります.

315-3　「彼女は心理学専攻ですか」との問いかけに, si とは応じられません. **b** の「いいえ, 社会学を学んでいます」が適当です.

316-1　「あなたが一番好きな漫画は」との問いに作品名で答えている **a** が応答文に

ります. b の「20年ほど前に手塚治虫と仕事をしていた」は返事になりません.

6-2　最も興味のあることを訊ねられているので, **a** の「特に映画と格闘技に興味があります」が適当. b は「関心はありません」の返事もさることながら「いいえ」と応じているのが不適当.

6-3　「週末はどのように過ごしますか」という質問に「友人の山小屋で2日間過ごした」と過去で応じた **a** は適当ではありません.「取り立てて何もせず家にいます」と単純未来で応じる **b** が適切.

7-1　「どうしてアジア人は日本に仕事に来るのだと思いますか」という問いに「母国に仕事がなかったから」という **b** の返答はあり得ます. **a** は「彼らのほとんどが失業中です」という意味で, 質問に対する返答になっていません.

7-2　「あなたの考えでは, 日本はこの先10年でエネルギー問題に解決策を見出せるでしょうか」に対して,「はい, あなたのお好きなように」「いいえ, そうは思いません」ですから後者 **b** が妥当です.

7-3　「ヨーロッパの国々がもっと多くの移民を受け入れていたとしたら（どうでしょうか）」に対して, a「さらに失業者が増えたと思います」, b「あなたは間違っていると思います」ですから **a** が適当.

8-1　「すみません, お巡りさん, バス停はどこですか」という問いに, a「危ない, 信号は赤ですよ」, **b** は「あっちです, 郵便局の前です」なので **b** が適当.

8-2　Michelle への他己紹介「こちらはピエール, 私の友だちです」に対して b「すみません, あなたがミシェルさんですか」では謎の応対です. **a** の「こんにちはピエール, 私はミシェルです. お会いできて嬉しいです」が適当です.

8-3　美容院, 理髪店で「どんな髪になさいますか」に対して, a「いつものように切ってください」, b「3日前に美容院に行きました」. もちろん, **a** が適当です.

9-1　「繁華街に行くバスですね」という問いに, b「今晩席はございます」は妙な返答.

これはレストランでの接客の言い回し. 答えは「ええそうです」と応じる **a** 妥当.

319-2 「タクシー乗り場はどこですか」と訊ねられています. a は「交換してください」の意味で, たとえば購入した商品に不具合があったケースの一言.「通りのこうです」と場所を明示している **b** が解答になります.

319-3 これは「ストラスブールまでの料金」を問われた文, 金額を返答する **a** が適です.

練習問題 26 < 320-324 >

---

320 A : ケン, フランス語の授業はどうですか.
　　 B : まあ, 成績はいいのですが, フランス語をもっと話したいと思っています.
　　 A : フランスに留学することを考えたことはありますか.
　　 B : ❶ **はい, パリで勉強したいです.**
　　　　② はい, フランス語のテストの成績は良好です.
　　　　③ はい, あなたの宿題を手伝いましょう.

321 A : 通勤には地下鉄を使いますか.
　　 B : いいえ. 自転車で仕事に行きます. いい運動になりますし, お金も節約ます.
　　 A : オフィスに着いて疲れませんか.
　　 B : ① そうですね, 約 30 分です.
　　　　② ええ, 午後 7 時頃に仕事が終わります.
　　　　❸ **大したことはないです. それほど遠くないので.**

322 A : ディナーはお気に召しましたか.
　　 B : ええ. 羊肉のグリルがとても気に入りました.
　　 A : ありがとうございます. 当店一の人気の品です.
　　 B : ① わかりました, 今持ってきてください.

② 忘れずにテイクアウトなさってください.

❸ **できればまたいつか食べたいものです.**

> A：ようこそ,ピエール.モンゴル旅行はいかがでしたか.
> B：実は,それほどよくなくて.ひどい風邪をひいてしまって.
> A：あらあら,そんな.で,今はよくなっていますか.
> B：① ええ,明後日出発します.
>
> ❷ **ええ,すこぶる元気です.**
>
> ③ はい,そこには3回行ったことがあります.

> A：こんにちは,マリア.アルバイトを探しているのよね.
> B：ええ,でもまだ何も見つからなくて.
> A：私が働いている花屋さんが人を探しているの,興味はある.
> B：❶ **はい,もちろん働きたいです.**
>
> ② はい,あなたのために最善を尽くしました.
>
> ③ いいえ,すでにカフェで仕事をしています.

練習問題 27 <325-334>

基本表現の確認とともに,単純な和訳ではなくフランス語で説明された状況を選ぶことで単語力の強化にもつながる.

Quel est le plat du jour ? - g

＊客が食堂やレストランでする定番の一言,「本日のおすす料理は？」という問い.「本日」と限定せずに「おすすめは？」と問うなら Que nous recommandez-vous ? などと打診する.また,「シェフの[店の]おすすめは？」なら Quelle est la spécialité du chef [de la maison] ? といった問い方をする.

N'oubliez pas de prendre votre maillot. - h

＊「水着を持って来るのを忘れないでください」という注意喚起.

Si tu es d'accord, à 17 heures devant le stade. - d

＊落ち合う時間・場所を決定するシーン.「よければスタジオの前で17時に」.

328 Mes parents vont souvent à l'opéra. **- e**

＊「オペラ鑑賞」が souvent とあるのがポイントで「頻度」la fréquence に話の照準が定られています.

329 C'est combien par nuit ? **- a**

＊「一泊いくらですか」とホテル(宿泊施設)に打診する定番. 受付(フロント)係 réceptionnisに電話や直接打診するのが通常.

330 Ma fille a commencé à faire du piano il y a deux ans. **- c**

＊「娘がピアノを始めたのが2年前」と「期間」la durée を説明しています.

331 Je vous le passe. **- j**

＊電話の定番「彼(本人)に代わります」の意味.

332 J'habite 17, rue de Pascal. **- b**

＊居住地の説明なので,「住所」l'adresse がポイント. なお, この「パスカル通り」に定冠詞ない点に注意したい.

333 D'accord, je vous envoie quelqu'un tout de suite. **- i**

＊「わかりました, すぐに人を向かわせます」の意味. たとえば, 宿泊客からの Quelqchose ne va pas avec le climatiseur de ma chambre.「エアコンの調子が悪いのです(来てください)」という依頼への対応の一言.

334 Il semble qu'il va pleuvoir, tu ne trouves pas ? **- f**

＊「雨が降りそうですね, そうは思いませんか？」という質問です. 中身は「天気」le temの話ですね.

練習問題28

チェック導入問題①〜⑤

① j'ouvre / tu ouvres ... と展開する ouvrir がその答え. さて, あなたはこの先の活用形は書けますか. 他の動詞はいかがですか.

② 順に eu / cru / bu / fallu / plu となります. 不定法が -oir(-oire を含む)の語尾で終わる動詞は (s')asseoir(seoir, surseoir も含む)が assis (sis, sursis) となるケースを除いて <u> の綴りで終わります. 第1群・第2群規則動詞を除いて, 過去分詞はルール無法だと思っている方, この点をご存知でしたか.

③ 1. Hier, ma grand-mère (**a eu**) 100 ans.

　　＊「昨日, 祖母は100歳になった」のですから直説法複合過去になります.

2. Si je (**parlais**) mieux français, j'aurais moins de problèmes.

　　＊現在の事実に反する"Si＋S＋V(直説法半過去), S＋V(条件法現在)"という典型例. 「フランス語がもっと上手に話せたら, こんなに苦労しなくてすむのに」という意味です.

3. Je ne crois pas qu'elle (**dise / ait dit**) la vérité.

　　＊主節が否定文なので que 以下の節には接続法が使われます. ただここは2つの解答が可能. 「彼女は本当のことを言っていないと思う」と相手の話を聞きながら思うなら接続法現在が入り, 「本当のことを言っていなかったと思う」と後になって思うなら接続法過去になります.

4. Deux lunes (**orbitent**) autour de Mars.

　　＊「火星の周囲を2つの月(衛星)が回っています」という意味. orbiterは「(宇宙船などが)軌道を描く, 〜の周囲を回る」という動詞でA1, A2レベルではないですが -er 動詞ですから活用するのに問題はないはずです. なお, 技術書などでは英語の影響もあってか

他動詞として「何かを周回する」の意味でも用いられます．一般的真理ですので直說
法現在で活用します．

5. (**Passe**)-moi le sel, s'il te plaît.

＊「塩をとってもらえる」と頼む tutoyer の命令文にします．

④ DELF では，個人情報の観点から，自分のことは話さない，書かないという制約ヵ
かかることがあります．よって，架空の人物の自己紹介も練習しておきたいもσ
です．

Bonjour, je **m'appelle** Nicolas. Je suis suisse, je **viens** de Lausanne. Je su
étudiant en économie à l'université de Genève. J'aime la natation ! J'**adore** l
Japon, alors j'**étudie** le japonais depuis un an. Je **cherche** une correspondan
japonaise.

(和訳)こんにちは，私の名前はニコラです．スイス人でローザンヌ出身です．ジュネーブ
学の経済学部の学生です．水泳がすごく好きです！ 日本が大好きなので，1年間日本語を
強しています．日本人女性の文通相手（通信の相手）を探しています．

⑤ ❶ ✕ 冠詞の間違いです．le pain は「パンというもの（総称）」で食べることはヿ
きません．du pain と部分冠詞を用います．

❷ ✕ 使われている時制は代名動詞の直說法複合過去ですが，過去分詞の性数
一致がなされていません．Anna は女性ですので，<u>s'est levée</u> と綴らな
てはなりません．

❸ ✕ 最上級を用いた文を c'est ... qui の強調構文ではさんだ例（最上級と強調
構文の組み合わせは定番）．vite は副詞ですので，主語 Louise の性数の影
響は受けません．<s>la plus vite</s> ではなく，<u>le</u> plus vite と訂正します．

❹ ✕ 多くの人が誤解する例．"「Léon はおじのパン屋で<u>働いていた</u>」→直說法
半過去"は拙速な判断です．「半年間」と完了した時間が前提の文なので
複合過去形を用いて（半過去は「未完了」で使うもの），<u>a travaillé</u> とし

くてはなりません.

❺ ○ monter は助動詞に être を用いると機械的に覚えている人からすると一目, 誤文に見えますが, この monter は l'escalier を目的語とする他動詞です. 他動詞の複合時制なら助動詞 avoir は当然の選択. ジェロンディフを配したこの文は「階段を駆け上がった」と訳せるミスのない文です.

❻ × 会話でありがちな間違い. tutoyer と vouvoyer が混線しています. Pensez と命令文を正すか, s'il te plaît と直すかいずれかです. なお, 和訳は「ドアに鍵をかけるのを忘れないでください」となります. penser à ＋inf.「〜するのを忘れない, 覚えておく」は盲点になりやすい表現です.

❼ × つい見落としがちなミス. Je suis avocat.「私は弁護士です」と同じ, avocat が属詞なので職業に不定冠詞はいりません. 英語とは違います. 同じく＜ S＋V＋O（目的語）＋A（属詞）＞（6文型と呼ばれる）と並んだ A（属詞）~~un~~ avocat にも冠詞は不要.

❽ × この例文は Je cherche un professeur qui <u>sache</u> enseigner le latin. などとは違います.「ラテン語を教えられる教師」は実際に「いるかいないか不明」なので接続法が使われますが, 例示の「昨日出会った秘書」は実在する人物. 関係詞節内で接続法を用いるのは妙です. したがって, qu'il <u>a rencontrée</u> hier soir と手直しする必要があります. なお, rencontrée となるのは la secrétaire（女性名詞単数）が先行詞であるためです.

❾ ○ On entend Floriane chanter. と並べ替えることもできますが, この例では chanter は自動詞なので例文の語順で問題ありません. ただ, chanter une chanson と他動詞が続くなら例文の語順はとれません.

❿ × 「その手紙に返事をするつもりだ」の意味. répondre <u>à cette lettre</u> の下線部を代名詞で受けるので, Il va <u>y</u> répondre. と中性代名詞を使わなくてはなりません.

基礎の文法力を確認する60題

必須文法・語法を確認するための二者択一問題

001 Il y avait **[un chien]** dans notre jardin.

＊この犬は特定化されていないので不定冠詞 un chien となる（そもそも, 一部の決まり〔
句を除いて il y a の構文に定冠詞は使われない）. Le chien d'à côté aboie beaucoup. 「〔
の犬はよく吠える」なら, 犬が特定化されているので定冠詞を使う.

002 L'argent ne fait pas **[le bonheur]**.

＊総称を表す定冠詞は, 通常, 可算名詞には定冠詞複数を用い, 例示のような不可算名詞〔
は定冠詞単数を用いる. 例文を冠詞（総称の意味合い）を意識した訳にすれば「お金とい〔
ものは幸福というものを作らない」ということ.

003 Le temps, c'est **[de l'argent]**.

＊分析的に訳せば「時間というもの（総称）は具体的な金額に値する」ということ. つまり「〔
間は貴重だ」といった抽象的な意味合いではなく, 「時給→1700円」という中身を表す. 〔
語では Time is money. と「時間」も「金」も無冠詞なので微妙な含意が伝わらない. 部分〔
詞は数えられない名詞（物質名詞・抽象名詞・集合名詞）に用いられる.

004 Il n'y a plus **[de]** vin dans la bouteille ?

＊直接目的語に冠された不定冠詞・部分冠詞は否定文では de になる.

005 Mon oncle tient **[de]** grands supermarchés dans ce quartier.

＊< des＋形容詞複数＋複数名詞 >の語順のときには冠詞が de に変わる. ただし, 現在〔
はこのルールを守らないケースが増えている（例：Mon fils a eu des bonnes notes 〔
l'épreuve oral. 「息子は口頭試験で良い点を取った」）.

006 Chloé a **[les]** yeux bleus.

＊定冠詞を用いた les yeux bleus の形は目の「描写」, たとえば les yeux bruns「黒い（褐〔
の）目」に対して「青い目」の意味. これに「見事な, すばらしい」superbe といった形容詞〔
添えて, その人物の「特徴」にフォーカスするなら Alma a des yeux verts superbes. と〔
定冠詞が使われる.

007 Emma est **[heureuse]** que sa mère **[aille]** mieux.

＊heureux(se) の形容詞が主語（Emma は女性の名前）の性数に応じて変化する点と DELF A レベルを超えて ＜que＋[接続法]＞ が使われている点に注意. なお, aller mieux で「快方に向かう」の意味.

08 Il y a un [bel] oiseau sur la branche du pin.

＊oiseau が母音で始まる男性名詞なので beau の男性形第2形 bel になる. もし, 複数の鳥がとまっているなら通常は de beaux oiseaux となる. → *cf.* 005 (p.174)

09 Ma petite-fille portait un [habit neuf].

＊「（新品で）新しい」を意味する neuf と「初めて出現した, これまでになかった（中古でもいい）」nouveau は「新しさ」に差異がある.

10 Nous parlons maintenant de [cet accident de trajet].

＊ここは「通勤事故」という言い回しとともに, accident（母音で始まる男性名詞）の前に置かれる指示形容詞 cet がポイント. なお, accident du travail は「労働災害」の意味.

必須文法・語法を確認するための空欄補充問題

11 Le problème qui m'intéresse, c'est **celui** de mon avenir.

＊celui は前出の le problème を受ける指示代名詞.

12 **Ce qui** n'est pas clair n'est pas français.

＊関係代名詞の先行詞として使われた ce（指示代名詞）がポイントになる Rivarol の知られた言葉. 空欄を疑問文に書き換えれば Qu'est-ce qui n'est pas clair ? となる.

13 **Son** grand-père et **sa** grand-mère sont trop vieux pour voyager seuls.

＊ご存知のように所有形容詞「彼の・彼女の」の違い（英語の *his / her* の別）はフランス語にはない. « trop ... pour＋inf. »「〜するにはあまりに…, …すぎて〜できない」の相関句が使われている.

14 — C'est votre parapluie ?　　— Oui, c'est le **mien**.

＊所有代名詞は既に話題になっている名詞の所有者を明示するために定冠詞を添えて使われる. この文では le mien＝mon parapluie という関係.

15 Les pauvres ont leurs peines et les riches ont aussi les **leurs**.

＊所有形容詞と所有代名詞の使い分けに注意したい. les leurs＝leurs peines という関係.

016 **Quel** est votre numéro de portable ?

＊疑問形容詞は名詞の性・数（このケースでは男性名詞 numéro）によって形が変化, 属詞
して使われた例.

017 À **quel étage** habite-t-elle ?

＊疑問形容詞が付加形容詞として使われた例. 会話では, Elle habite à quel étage ? の語
がよく使われる.

018 **Qui est-ce que** vous attendez ?

＊直接目的語（人）をたずねる疑問代名詞の複合形（うしろ主語と動詞を倒置しない形）が
る. 単純形を用いた Qui attendez-vous ? も同義.

019 **Qu'est-ce que** vous regardez ?

＊直接目的語（物）をたずねる疑問代名詞の複合形（うしろを倒置しない形）が入る. 単純
を用いた Que regardez-vous ? も同義.

020 Ta femme reviendra **quand** ?

＊英語の *when* に相当する疑問詞副詞. Quand を文頭にして, 主語と動詞を倒置した形を
うなら Quand ta femme reviendra-t-elle ? となる.

必須文法・語法を確認するための整序問題

021 [**Où allez-vous habituellement faire**] les courses ?

＊英語の *where* に相当する疑問詞副詞 où を用いた文.

022 [**Combien de photos avez-vous prises**] du haut de la tour Eiffel ?

＊数量をたずねる疑問詞に導かれた文. 直接目的語 photos（女性名詞複数）が過去分詞よ
も前に置かれているため pris（過去分詞）が性数一致する点に注意.

023 Connaissez-vous [**la dame qui s'entretient familièrement avec**] mon frère
＊主格（主語）の関係代名詞 qui, 英語 *who*とは考え方を異にして, 先行詞は人でも物でも
まわない.

024 La jeune [**fille que vous avez rencontrée devant**] la gare est la nièce de René

＊目的格（目的語）の関係代名詞 que, 先行詞は人でも物でもかまわない. rencontré（過去分詞）の性数一致にも注意.

5 Tu as [des amis sur qui tu] peux compter ?

＊先行詞が人 des amis で"[前置詞]＋qui"に導かれた関係詞節が続く形. compter sur *qqn* で「〜を当てにする」の意味. 文法的には DELF A の出題範囲を超えた設問.

6 J'ai un [collègue dont le père est avocat].

＊J'ai <u>un collègue</u>. ＋ <u>Le père de ce collègue</u> est avocat. の展開を前提に関係代名詞 dont が使われる. 前からうしろへ順に訳すなら「私の同僚に父親が弁護士をしている人がいます」といった訳がつけられる.

7 Avez-vous déjà lu le [roman policier dont ils parlent] ?

＊parler <u>de</u> *qqch* の展開ですから dont が使われる.

8 C'est le village [de pêcheurs où mon père a passé] son enfance.

＊先行詞が場所・時を表す関係代名詞 où（このケースは英語の *where* に当たる）を用いた例.

9 C'est un problème [auquel elle n'avait pas du tout] pensé.

＊penser à *qqn/qqch* を前提に, 先行詞が物で "[前置詞]＋lequel"のパターン, "<u>à</u>＋lequel" では冠詞の縮約が起こる. DELF A の文法範囲を超えている.

30 Tu as une jolie poupée. C'est ta [maman qui te l'a achetée] ?

＊「それを君に買ってくれたのはママ？」が直訳になる主語を強調した文＜C'est ... qui＋V＞を用いた例.

31 C'est ce [sac qu'on vous a volé à] la gare ?

＊主語以外の強調に使われる＜C'est ... que S＋V＞で ce sac をはさんだ形.

32 Il est né dans un village de l'ouest de la France et il [y vit depuis près de] 50 ans.

＊dans un village de l'ouest de la France を中性代名詞 y で受けた形.

33 Mon frère a vendu sa moto [pour en acheter une autre].

＊une autre <u>moto</u>「別なバイク」の下線部を中性代名詞 en で受けた形.

34 Notre gérante se croit intelligente, mais elle [ne l'est pas du tout].

＊前出の形容詞 intelligent(e) を受ける中性代名詞 le を用いた例.

035 La Terre **[est une planète qui tourne autour du]** Soleil.

＊変わることのない真理や格言・諺などは直説法現在で表される.

036 Ma grand-mère **[joue de l'accordéon dans le salon]** de thé.

＊英語の現在進行形に相当する時制はフランス語では直説法現在で表す. ただし, このニュアンスを持つのは継続的行為を表す未完了動詞で, arriver, partir, mourir といった完了動詞に進行形の訳はつけられない.

037 **[Depuis quand cette tribu s'est-elle]** installée dans cette jungle ?

＊英語の現在完了(継続)「(ずっと)〜している」に相当するフランス語は直説法現在形が使われる.

038 Pendant six mois, **[j'ai visité beaucoup de pays]** d'Asie.

＊過去の行為・状態を表す直説法複合過去の形.

039 Comment s'appelle **[la ville où elle est née]** ?

＊往来発着昇降生死といった移動のニュアンスを持つ自動詞は < être の現在形＋過去分(主語の性数に一致)> の形で直説法複合過去になる.

040 Je ne me souviens plus **[à quelle heure je me suis levé(e)]** ce matin.

＊代名動詞の直説法複合過去には助動詞 être を用いる. この文は再帰代名詞が直接目的語なのでその性・数に過去分詞が一致する点にも注意.

必須文法・語法を確認するための選択問題

041 c 子どもの頃, 毎週日曜日には川へ釣りに行ったものだ.

Quand j'étais enfant, j'allais à la pêche dans la rivière tous les dimanches.

＊過去の習慣的な行為を表す直説法半過去の例.

042 i 私がシャワーを浴びていたら, 郵便配達が自宅のベルを鳴らした.

Je prenais une douche quand le facteur a sonné chez moi.

＊点の出来事を表す直説法複合過去に対して, その背景となる線の過去を表すのが直説法半過去.

3 **g** 彼らが駅に着いたときには最終列車はすでに出発してしまっていた.

Quand ils sont arrivés à la gare, le dernier train était déjà parti.

＊直説法大過去は, 過去のある時点を基準として, そのときすでに完了している動作・状態を表す.

4 **f** この仕事を終えたら, 私は友人を訪れるためにでかけます.

Quand j'aurai achevé ce travail, je sortirai pour rendre visite à une amie.

＊未来のある時点で完了していると予想される行為や状態を表す. 基準となる未来の時点は一般に単純未来で表現される.

5 **d** 明日雨でなければ, レンヌに住んでいるおばのところに行きます.

S'il ne pleut pas demain, j'irai chez ma tante qui habite à Rennes.

＊実現可能な仮定を表す展開で, 主節に単純未来を用いた形.

6 **e** 時間があれば, もっと映画に行くのに.

Si j'avais du temps, j'irais plus souvent au cinéma.

＊現在の事実に反する仮定を表す条件法現在を主節とする典型的な例文.

7 **h** あなたがもっとゆっくり大きな声で話してくれていたら, 祖父はあなたの言っていることがわかっただろうに.

Si vous aviez parlé plus lentement et plus fort, mon grand-père vous aurait compris.

＊過去の事実に反する仮定を表す条件法過去を用いた典型的なパターン.

8 **b** 妻は真相を知りながら何も口にしません.

Ma femme ne dit rien en sachant la vérité.

＊ジェロンディフの例. tout を添えて, tout en sachant la vérité とすると対立・譲歩のニュアンスを強調できる.

9 **a** 病気だったので, 昨晩彼女は歓迎パーティーに来なかった.

Étant malade, elle n'est pas venue à la fête de bienvenue hier soir.

＊現在分詞を使った副詞的用法(分詞構文)で, Comme elle était malade, ... などと書き換えられる.

50 **j** 春が巡ってきて, すべてがまた蘇る.

Le printemps revenu, tout renaît.

＊過去分詞を使った絶対分詞構文（主節と従属節の主語が違う）, 過去分詞 revenu の
に現在分詞 étant が省かれた形.

必須文法・語法を確認するための空所補充問題

051 Jade **se mariera** l'année prochaine.

＊単純未来は未来の行動や計画を表す.

052 Quand vous arriverez à Paris, vous me **téléphonerez**.

＊2人称主語で単純未来が軽い命令や助言を表すケース. なお, 確実な未来には現在形を
い, ほぼ確実であったり, 意志が含まれるときには近接未来 aller ＋inf. を用いる.

cf. Je vais acheter une voiture.「私は車を買うつもりです」

053 Alain **aura fini** cet article dans une semaine.

＊直説法前未来の活用, 副詞句 dans une semaine が基準となる未来の時点を表してい
ただし, この時制は会話での使用頻度は高くない.

054 C'est une langue **aussi difficile** que le sanscrit.

＊同等比較の例.

055 Budapest est **une des plus** belles villes que je connaisse.

＊最上級の形. 英語なら *one of the most* beautiful cities に相当する. connaître に接続
が使われている点にも注意.

056 Mon fils n'a pas **autant de** talent que vous le dites.

＊名詞を使った同等比較. plus de, autant de, moins de のうしろに名詞を添えて使う.

057 **Il pleut** beaucoup cet été.

＊動詞 pleuvoir には非人称主語を使う.

058 Si tu as encore mal à la tête, il **vaut mieux** prendre ce médicament.

＊非人称構文 < il vaut mieux＋inf. >で「～する方がよい」の意味.

059 Je **voudrais** vous dire un mot.

＊語気緩和・推測などを表す条件法現在に活用する. ただし, 上司と部下, 教授と学生といっ
た関係なら Je veux (直説法現在)も可.

0 Si nous **faisions** une promenade par ici ?

＊"Si＋S＋V [直説法半過去] ？"で勧誘を表す言いまわし. "Si＋S＋V [直説法半過去] ！"なら
願望になる(例：Si j'étais plus riche !「もっと金持ちならなあ」).

練習問題 30 <061-062> 動詞の基本を確認する問題

己紹介文（あるいは朝のルーティン説明）は面接の際の重要なポイント事項. パター
をいくつか記憶しておくのが必須の事前準備です. また, 会話のきっかけづくりにも
ります.

1 Je **m'appelle** TANAKA Kotaro. Je **suis né** dans la ville d'Atami, dans le
département de Shizuoka, en 2002. Quand j'**avais** sept ans, ma famille **a
déménagé** à Tokyo, où nous **vivons** toujours. Il y a cinq personnes dans ma
famille : mes parents, ma sœur, mon frère, et moi.

2 Je **me réveille** tous les jours à 6 h 30.

Je **prends** mon petit déjeuner.

Presque tous les matins, je **mange** du pain avec du beurre, et je **bois** un café
au lait.

En écoutant la radio, je **lis** le journal.

Je **pars** chez moi à 8 h 20 et je **vais** au bureau.

私は毎日6時30分に起きます.
朝食をとります.
ほぼ毎朝, バターを塗ったパンを食べて, カフェオレを飲みます.
ラジオを聞きながら, 新聞を読みます.
8時20分に家を出て会社に向かいます.

063　Mon professeur **préféré** est un petit homme étrange, et pourtant il est tout c
qu'on peut espérer d'un homme à sa place. Il porte des lunettes, les manche
de son manteau marron clair sont un peu **courtes**, et (1) **[bien qu'il soit asse
soigné dans son apparence]**, il y a une boucle de cheveux grisonnants jus
au-dessus de son front qui dépasse toujours un peu.

Parfois, il semble assez **fatigué** quand il entre en classe, mais il est toujou
capable de sourire.

Au moment où il a fini de donner son cours, ses vêtements ont des taches c
craie ici et là, et (2) **[ses cheveux ne sont pas aussi soignés qu'ils l'étaient**
mais son **doux** sourire est toujours sur ses lèvres.

En classe, il n'a eu l'air vraiment **triste** qu'une seule fois. C'était la semair
dernière, quand il a rendu nos examens de fin de trimestre.

私の好きな先生は風変わりな小柄な男性なのですが，先生はその立場にある人が期待するす
べて（そうあって欲しいと願う教師像）を備えています．眼鏡をかけ，薄茶色のコートの袖は少
短く，端正な外見なのですが，額のすぐ上に白髪のカールがあり，いつも少し前にぴょんと飛び
しています．

ときに，クラスに足を踏み入れた際，かなり疲れているように見えることもあります．でも，いつ
も笑顔でいられる人です．

講義を終える頃には服のあちこちにチョークのあとが付いていて，頭髪は講義前ほどきれいで
ありませんが，口元にはまだ優しい笑顔が残っています．

授業中，先生が本当に悲しげな様子だったのはたった一度だけ．それは先週，私たちの学期末
験を返却したときのことでした．

＊(1) < bien que＋[接続法]> は DELF A レベルを超えますが，動詞が soit であると見抜く
　があれば正答にたどり着けるはず．

練習問題 32　　基本の聴解問題

下記の文が音源から流れてきます.

1 語

① Bonjour !　② Bonsoir !　③ Salut !　④ Enchanté(e) !

⑤ Oui.　⑥ Non.　⑦ Si.　⑧ Allô ?

⑨ Bienvenue !　⑩ D'accord.　⑪ Entendu.　⑫ Félicitations !

⑬ Pardon ?　⑭ Volontiers.　⑮ Silence !

2 語

① Excusez-moi.　② De rien.　③ Pas mal.

④ Pourquoi pas ?　⑤ Pas question !　⑥ Pas possible !

⑦ Bien sûr.　⑧ Avec plaisir.　⑨ Tant pis.

⑩ Tant mieux.　⑪ Après vous.　⑫ Un peu.

⑬ Un instant.　⑭ Servez-vous.　⑮ Vous voyez ?

⑯ Quelle chance !　⑰ Quelle surprise !　⑱ Quel dommage !

⑲ Quelle chaleur !　⑳ À bientôt !　㉑ À demain !

㉒ Au feu !　㉓ Bon appétit !　㉔ Bon courage !

㉕ Bon voyage !　㉖ Bonne année !　㉗ Bonne chance !

㉘ Bonnes vacances !　㉙ Comme d'habitude.　㉚ Comment dire ?

㉛ Comment faire ?

◉ 自分のことを言う

① Je vais bien.　　② J'arrive.　　③ Je comprends.

④ Je vois.　　⑤ Je suis désolé(e).　　⑥ Je suis d'accord avec vous.

⑦ J'en ai assez.　　⑧ J'en suis sûr(e).　　⑨ Je dors mal.

⑩ J'entends mal.　　⑪ Je t'invite.　　⑫ Je vous écoute.

⑬ Je vous laisse.　　⑭ J'ai mal à la tête.　　⑮ Je me sens mal.

⑯ J'ai trop mangé.　　⑰ Je ne sais pas.　　⑱ Je ne comprends pas du tou

◉ c'est / ça

① **gentil**　C'est gentil.

② **très joli**　C'est très joli.

③ **bon marché**　C'est bon marché.

④ **une erreur**　C'est une erreur.

⑤ **la vie !**　C'est la vie !

⑥ **dommage**　C'est dommage.

⑦ **complet**　C'est complet.

⑧ **parfait**　C'est parfait.

⑨ **tout**　C'est tout.

⑩ **à la mode**　C'est à la mode.

⑪ **en panne**　C'est en panne.

⑫ **fini**　C'est fini ?

⑬ **combien**　C'est combien ?

⑭ **trop cher**　C'est trop cher !

⑮ **vrai**　C'est vrai ?

⑯ **vrai**　Ce n'est pas vrai.

⑰ **possible**　Ce n'est pas possible.

⑱ **grave**　Ce n'est pas grave.

⑲ **bon**　Ça sent bon.

⑳ **bon**　Ça a l'air bon.

㉑ **cher**　Ça coûte cher.

㉒ **dépend**　Ça dépend.

㉓ **combien**　Ça coûte combien ?

㉔ **bien**　Ça marche bien ?

㉕ **bien**　Ça ne marche pas bien.

㉖ **ça veut dire**　Qu'est-ce que ça veut dire

㉗ **ça**　Je prends ça.

㉘ **égal**　Ça m'est égal.

1　1. C'est une montre en or.

　　2. C'est une horloge murale.

　　3. C'est un sablier en verre.

　　　＊sable [nm] は「砂」, 複数で「砂漠」(＝désert), sabler なら「(道などに)砂をまく」という他動詞. sablier は「砂時計」のこと.

2　1. Sur le lit.

　　2. Sous le lit.

　　3. Dans la boîte.

3　1. On peut voir le petit château.

　　2. On peut voir le moulin à vent.

　　　＊moulin à eau は「水車(小屋)」, moulin à café で「コーヒーミル」.

　　3. On peut voir la cathédrale.

4　**1. La femme est assise sur une chaise.**

　　2. Un verre d'eau est posé sous la table.

　　3. La femme porte un manteau épais.

5　1. Il n'y a personne sur le quai de la gare.

　　2. Le train arrive bientôt en gare.

　　3. Le quai est bondé de passagers qui sont descendus du train.

6　1. Un homme pousse une bicyclette.

　　2. Un homme fait du vélo.

　　　＊faire du vélo で「自転車を乗りまわす」「サイクリングする」の意味.

　　3. Il fait noir tout autour.

7　1. Le chat est dans la boîte.

2. **Le chat regarde le bocal à poissons.**

   ＊bocal は「広口瓶, つぼ」のこと.

3. Le chat marche sous le parasol.

008 1. **C'est une église catholique.**

2. C'est un sanctuaire.

3. C'est un appartement de luxe.

009 1. **Pas de chance ! J'ai déjà perdu 300 euros.**

2. Bonne idée ! J'aime bien me promener.

3. Comment ? Quel numéro demandez-vous ?

010 1. Votre ceinture est attachée, Madame ?

2. **Rien à déclarer ?**

   ＊douanier, douanière「税関吏」の定番のひと言.

3. Vous m'invitez ? C'est très gentil.

   ＊「奢ってくれるの(←あなたは私を招待してくれるの)」という意味.

011 1. **Il ne sait pas s'arranger.**

   ＊「彼はおしゃれを知らない」という意味.

2. Il fait chaud et humide.

3. C'est ennuyeux comme la pluie.

012 1. **Vous avez choisi ?**

   ＊「お決まりですか」には Vous avez décidé ? とか Vous avez fait votre chiox ? といっ
    言い方もある.

2. Répétez après moi.

3. Épelez s'il vous plaît.

013 1. Zut, j'ai oublié mon portefeuille.

2. Ah, non. C'est cher et je n'ai pas d'argent.

3. **Ce n'est pas vrai ! Ça ne marche pas …**

014 1. **Bonjour, je voudrais un billet de TGV de Paris à Dijon pour le 17 janvier.**

2. Hôtel Le Grand, bonsoir ! Puis-je vous être utile ?

3. Bonjour, pouvez-vous m'indiquer la poste, s'il vous plaît ?

5 1. D'accord. À quelle heure est-ce que le train arrive à Bruxelles ?

2. Excusez-moi, madame. Vous avez une minute ? C'est pour une enquête sur la santé.

3. Qu'est-ce que vous avez ? Vous avez mauvaise mine.

6 1. Oui, je suis trop fatigué. Je mange peu, et je n'arrive pas à bien dormir.

2. Non, je n'ai pas encore décidé.

3. Oh, pardon. Je n'ai pas entendu la sonnerie. J'étais sous la douche.
　＊直訳は「シャワーの下にいる」で「シャワー中」の意味.

7 **1. Victor apprend le français en écoutant de la musique.**

2. Pascal se promène avec son chien en chantant.

3. Xavier dîne en regardant la télé.

8 1. Je voudrais envoyer un colis au Canada.

2. Je viens en voiture. C'est plus rapide et moins fatigant.

3. Je fais du sport régulièrement.

9 **1. L'énergie solaire est produite par le soleil.**
　＊ちなみに「原子力」なら l'énergie atomique, l'énergie nucléaire という.

2. Il poursuit son but avec énergie.

3. La Ville de Paris recycle les déchets de la poubelle jaune.

語源 sol「太陽」

Le Soleil は古代ローマの太陽神 Sol に由来. そこから形容詞 solaire「太陽の, 太陽光を利用した」が生まれ, le système solaire なら「太陽系」, panneau solaire [nm] は「ソーラーパネル」の意味になる. 接尾辞 ium「場所」を添えた solarium [nm] は「サンルーム」を指し, parasol [nm] は「(大型の)日傘」(ご婦人が主にさす「(小型の)日傘」は ombrelle [nf] という)のことで, イタリア語経由で"防ぐ" para+「太陽」から来ている.

020 1. Si j'avais un vélo, je pourrais faire ce travail de livraison.
     2. Si je prends un taxi, je serai à l'heure.
     3. Si j'avais du temps, j'apprendrais à conduire.

021 1. Il n'y a pas de toilettes au premier étage.
     2. La cuisine est au premier étage.
     3. Il y a deux chambres au premier étage.

022 1. Les personnes dans cette photo sont en ordre de taille.
     2. Ils sont regroupés par ordre d'âge.
     3. L'enfant au milieu est la plus jeune.

023 **1. C'est une scène d'une réunion en ligne.**
     2. Il s'agit d'une rencontre en face à face.
     3. Vous pouvez voir plusieurs bouteilles en plastique sur le bureau.

024 1. Vous voyez un téléviseur sur votre gauche.
     2. Une chaussette est suspendue à la cheminée.
     3. Il y a un arbre de Noël, donc la saison est l'été.

以下, 配置されている写真・イラストの左から順に.

025 3. Elle est à bord d'un bâteau avec un appareil photo.
     1. Il y a beaucoup de monde dans ce quartier.
     2. Quelques bus à impériale circulent dans la ville.

> **語源** circ「輪, 円」
>
> circuler は"「円」のように動く→循環する"がそもそもで,「(車が)通行する, 走り回る」の意味へと広がった. 名詞は circulation [nf] で「循環, 流通, 交通(量)」の意味.「自動車」bicyclette [nf] や「三輪車」tricycle [nm] の -cycle も"bi「2つ」/ tri「3つ」+「輪」"から生まれた. また意外な単語にもこの語源は隠れていて, encyclopédie [nf]「百科事典」も"encyclo「円形の」→「幅広い」+pédie「教育」"に由来する.

2. Ils ont moins de 30 ans.

   3. Cet acteur a 85 ans.

   1. Cette lycéenne a 17 ans.

2. J'ai chaud à mort.

   1. Il neige tranquillement.

   3. Il continue de pleuvoir.

2. Il est douze heures quarante-cinq.

   3. Il est quinze heures quarante-cinq.

   1. Il est midi moins le quart.

1. Il est japonais et un écrivain célèbre.

   3. Il est britannique et un détective de renommée mondiale.

   2. Il est chinois et un politicien bien connu.

2. Elle joue du violon pendant un concours.

   1. Il joue au foot dans un stade.

   3. Il joue sérieusement aux échecs.

2. Sur place ou à emporter ?

   1. J'aimerais la coiffure la plus à la mode.

     ＊最新デザインのヘアースタイル.

   3. Nous ne faisons pas d'échanges sur les soldes.

3. Il y a un magasin où je peux faire réparer ma montre près d'ici ?

   2. Beaucoup d'électricité française est produite par le nucléaire.

   1. Je ne crois pas qu'il puisse finir ce travail.

1. C'est une rue principale du nord-ouest de Paris.

   3. C'est le plus grand musée national du monde à Paris.

   2. C'est une petite île flottant sur le golfe de Saint-Malo sur la côte ouest de la France.

034 2. Tous les meubles de cette chambre ont l'air chers.

3. Le cours des actions de cette entreprise va augmenter.

1. Mon bureau est loin de la gare.

035 3. Ne laisse pas la porte du réfrigérateur ouverte.

1. Avez-vous déjà admiré Nagasaki de nuit ?

2. J'ai laissé mon parapluie dans le bus.

練習問題 34 <036-042>

036 Ma mère **prépare la pâte à crêpes** et **le pâté** de campagne.

母がパンケーキの生地と田舎風のパテを準備している.

＊ズバリ, les accents に注意です.

037 Hier, j'ai acheté des **champignons**, deux **pamplemousses** et trois **concombre**
dans **un magasin près de la banque**.

昨日, 銀行に近いお店で, キノコとグレープフルーツ2個ときゅうり3本を買いました.

＊フランス語の音がきれいに聞こえるのは「鼻母音」のせいですがそれをきちんと聞き取り
正確に綴るのは難しいものです.

038 Mon fils a **les cheveux longs** et **les yeux bleus**.

息子は長髪で青い目をしています.

＊形容詞の性数一致と, 英仏の似て非なるスペリングの差異に注意してください.

039 Comme elle est gourmande, elle a mangé **les délicieuses pommes de terr**
sautées à belles dents.

食いしん坊なので, 彼女はおいしいフライドポテトをわしわし食べた.

＊発音されない <s> を漏れなく書きとれましたか. à belles dents は「ばりばり噛んで」の意
味合い. ただし, フライドポテトに「ばりばり」はそぐわない気がして擬音を少し工夫して
みました.

040 Le week-end dernier, nos filles **sont allées au marché aux puces**. Elles **on**
été étonnées par la quantité **d'objets exposés**.

先週末, 娘たちはフリーマーケットに行きました. 彼女たちは陳列されている品数の多さに驚きました.

＊過去分詞, 形容詞の性数一致という少々厄介と思えるルールに習熟していますか.

1 **Presque tous les touristes qui visitent Paris** veulent voir la vieille dame de fer située **tout près de la Seine**.

* la vieille dame de fer＝la tour Eiffel

パリを訪れるほとんどすべての観光客は, セーヌ川のすぐ近くにある「老鉄の女」を見たいと思うものだ.

＊形容詞 tout と副詞 tout は性数変化の有無が違います.

2 Le tireur **tend la corde** de son arc et **prend son temps** pour viser la cible.

射手は弓の弦を引き絞り, じっくり時間をかけて標的を狙います.

＊tendre la corde と prendre son temps を見分けることはできても, これをきちんと聞き分け, 書きとるのは容易ではありません.

し, この 7 つの問題が 1, 2回の聞き取りで正しく書き取れたなら, すでに DELF B レ
ルです.

現力を整理する聴解問題
ELF A レベル　基本表現チェック問題50

< 1 > ありがとう

3 Merci de votre gentillesse.

＊Je vous remercie de votre gentillesse. や C'est très gentil à vous. もほぼ同義になる. あるいは Merci de votre amabilité. / Merci de votre obligeance. としても「ご親切にありがとうございます」の意味. 特に obligeance「親切, 好意」は目上の人に用いる丁寧な単語.

4 Merci de m'avoir encouragé(e).

＊御礼なので不定法は例示のように完了形になることが多い. 「励まし, 激励」を意味する名

詞を用いて, Merci pour vos encouragements. と言い換えられる. なお否定を導いて, とえば Merci de ne pas fumer. なら「たばこはご遠慮ください」という意味になる.

＜2＞ありますか

045 **Il y a une pharmacie près d'ici ?**

＊「近くに」には par ici, dans les environs といった言い回しも使える. なお, Ma fille fa des études de pharmacie à l'université. なら「娘は大学で<u>薬学</u>を学んでいる」の意味.

046 **Vous avez des tartes aux cerises ?**

＊写真を見せながら Vous avez la même chose ?「これと同じものはありますか」とか, 定を用いて Vous n'avez pas d'autre couleur ?「違う色はありませんか」といった言い しは日常の使用頻度が高い.

＜3＞いかがですか

047 **Vous voulez encore du café ?**

＊サービスなどを提供する立場の人なら Vous désirez ... ? を使うことが多い（例 Vou désirez un apéritif ?「食前酒はいかがですか」）.

048 **Si on allait déjeuner ensemble ?**

＊文法上 DELF A を超えるが ＜si＋直説法半過去＞ で「誘い」を表す定型表現. Si je pouva piloter un avion ! なら願望を表して「飛行機が操縦できたらなあ」の意味になる.

＜4＞いきたい

049 **Je voudrais aller faire du shopping.**

＊faire des achats, faire les magasins ともいう. なお, 日用品を「買い物する」ときには fai les [des] courses [les commissions] と表現することが多い.

050 **Je voudrais y aller en bus à impériale.**

＊impériale [nf] は「（バスや電車の）2回席」を指す.

＜5＞いくらですか

051 **Un aller simple pour Marseille, c'est combien ?**

＊aller simple で「片道（切符）」,「マルセイユまでの往復（切符）」なら un aller retour po Marseille という.

52 Quel est le prix de cette robe à pois ?

＊「(乗車)料金はいくらですか」なら Quel est le tarif du billet ?,「現在の為替レートはいくらですか」なら Quel est le taux de change actuel ? といった言い方をする.

＜6＞いけない

53 Il ne faut pas rouler si vite.

＊直訳なら「そんなに早く運転してはいけない」となる. なお, 車に同乗しているケースなら Attention ! Tu roules trop vite !「気をつけて, スピードを出しすぎだよ」といった言い方になるはず.

＜7＞いつ

54 Votre anniversaire de mariage, c'est quand ?

結婚関連

- ☐ **mariage nm** 「結婚」 **se marier vp** 結婚する
- ☐ **divorce nm** 「離婚」 **divorcer vi** 離婚する
- ☐ **remariage nm**「再婚」 **se remarier vp** 再婚する
- ☐ **se disputer vp** けんかする
- ☐ **se séparer vp** 別れる, 仲違いする
- ☐ **se réconcilier vp** 仲直りする

55 En quelle année votre grand-père est-il né ?

56 Depuis combien de temps apprenez-vous le français ?

＊apprendre は受動的な学びで, 特に入門・初級レベルで「学ぶ」ことを指す. étudier le français なら自ら積極的に知識を得ようとして「勉強する」意味合い. travailler は多く, 学ぶ対象を省いて使われる. なお, 大学などで「〜を勉強している」なら faire des études de *qqch*, faire ses études という言い回しを使うことが多い.

＜8＞うれしい

57 Je suis heureux(se) de vous voir.

＊Je suis ravi(e) de vous connaître. といった言い回しも使われる.

58 J'espère que ça va marcher.

＊espérer は「期待・希望する, 〜できればいいと思う」といった意味で用いる語. なお「うま

くいく」には s'arranger という代名動詞も使われ, 例文は Ça s'arrangera, j'espère. な
と言い換えられる.

＜9＞ おねがいします

059 À cette adresse, s'il vous plaît.

＊「住所」に関しては, 次の表現も記憶しておきたい. Vous avez son adresse ?「彼（彼女）（
住所をご存知ですか」（＝Vous connaissez son adresse ?）, Donnez-moi votre adress
s'il vous plaît.「あなたの住所を教えてください」.

060 Je voudrais envoyer cette lettre en recommandé.

＊「この手紙を書留で送りたいのですが」とも訳せる.

＜10＞ ください

061 Passez-moi le sel, s'il vous plaît.

＊Vous pouvez me passer le sel ? も同義. ちなみに, ＜命令文, s'il vous plaît. ＞の言い
を失礼だとして嫌う人もいるが, 実際にはよく使われる. たとえば, Signez ici, s'il vou
plaît.「ここにサインをください」など. なお, 動詞 passer の語義「（病気を）うつす」（例
Elle m'a passé son rhume.「彼女は私に風邪をうつした」）は盲点になりやすい.

062 Pourriez-vous garder mes bagages ?

＊直説法より, 条件法を使うともっと丁寧な言い回しになる. なお,「荷物の一時預かり所
は consigne [nf] という.

＜11＞ ごぞんじですか

063 Vous connaissez un bon restaurant dans ce quartier ?

＊なお, connaîtreは実際に見聞きしてconnaître qqnで「～と知り合いである」
＜connaître＋場所＞で「（実際に）～に行ったことがある」（例：Vous connaissez le Mon
Saint-Michel.「モン-サン-ミッシェルをご存じですか」＝Vous êtes déjà allé(e) au Mont
Saint-Michel ?「すでに行ったことがありますか」）の意味になる.

064 Vous savez qu'il est gravement malade ?

＜12＞ してもいいですか

065 Est-ce que je peux vous poser une question ?

66 Est-ce que je peux vous demander votre tour de taille ?

＊Je peux＋inf. ? (いささか丁寧さに欠ける)や Puis-je＋inf. ? (かなりへりくだった言い方)も類語.

13 ＞ していただけますか

67 Pourriez-vous me donner votre numéro de téléphone ?

＊「ケータイの番号は何番ですか？」とダイレクトに聞くなら Quel est votre numéro de portable ? という. なお, vouloir を使うと相手が断れない依頼(上司と部下の関係など)になる. ただし, Veuillez ＋inf. の形なら丁寧な依頼として用いられる.

14 ＞ しなくてはならない

68 Excusez-moi, il faut que je vous quitte.

＊ 動詞 laisser を使って, Bon, je vous laisse, il faut que je m'en aille. 「では, これでおいとまします. 行かなくてはなりませんので」といった言い回しも類義.

69 Est-ce que je dois changer de train à Besançon ?

＊< changer de ＋[無冠詞名詞] > として, changer d'avis「意見を変える」, changer de coiffure「ヘアスタイルを変える」, changer de couleur「顔色を変える」なども覚えておきたい.

15 ＞ しましょう

70 Je peux vous aider ?

＊Laissez-moi vous aider. なら「お手伝いしましょう」の意味. Vous avez besoin d'aide ?「手伝いが必要ですか」という言いまわしも定番. なお, aider à+inf.「～するのに役立つ」も記憶しておきたい(例：Ça aide à passer le temps.「それは暇つぶしにはいい」).

71 Laissez-moi porter votre valise.

＊人を誘う「～しましょう」なら nous に対する命令文が簡便(例：Allons faire un pique-nique.「ピクニックに行きましょう」, Prenons le métro.「地下鉄で行きましょう」). また,「～しませんか」なら, たとえば Vous ne voulez pas sortir avec nous ?「一緒に出かけませんか」といった言い回しが使える.

16 ＞ すみません

72 Excusez-moi d'arriver sans prévenir.

＊他に「遅刻してすみません」Excusez-moi d'être en retard. とか,「お待たせしてすみません」Excusez-moi de vous avoir fait attendre. などが定番.

073 Je regrette de ne pas avoir pu vous aider.

＊直訳は「あなたを助けることができなかったことをお詫びします」となる. なお, Je regrette de n'avoir pas pu vous aider. も会話などでは許容される.

074 Merci de m'accompagner jusqu'à la gare.

＊「駅まで私に付き添っていただきありがとう」が直訳. 他に Merci beaucoup pour votre gentillesse.「親切にしたいただいて誠にすみません」といった定番もある.

＜ 17 ＞ だれ

075 Qui est-ce, la dame à votre droite ?

＊ここは砕けた言い回しを選択したが, Qui est la dame à votre droite ? の方が自然.

076 Quelle est votre actrice de cinéma préférée ?

＊「あなたの好みの〜は何ですか」が直訳だが,「画家 peinture」「ピアニスト pianiste」といったように人物を置けば「誰ですか」の意味になる. Qui est votre actrice de cinéma préférée ? も同義.

＜ 18 ＞ できる

077 Vous pouvez faire des œufs au jambon ?

＊可能性を打診する, Vous pouvez faire cela vite ?「すぐにできますか」も定番.

078 Je sais parler trois langues étrangères.

＊「できる」を意味する savoir は生まれつきの才能や習得した能力に用いる.

079 Je n'arrive pas à résoudre ce problème.

＊「うまく〜することができる, 首尾よく〜する」の意味, 否定で使うと「どうしても〜できない(→「〜することに到達できない」)」の意味になる.

＜ 19 ＞ どうぞ

080 Faites comme chez vous, je vous en prie.

＊「自宅のように振るまってください」が直訳. Mettez-vous à l'aise, je vous en prie.「どうぞくつろいでください」も定番表現.

20 > どうやって・どうすれば

1 Comment est-ce que je peux faire pour passer une commande sur le site ?

21 > どこ・どちら

2 Où est-ce que vous avez acheté cette cravate voyante ?

＊voyant(e) は「人目をひく」という意味合い.

3 Laquelle de ces deux chambres préférez-vous ?

22 > どのくらい

4 Ça vous prend combien de temps pour aller au travail ?

＊動詞 mettre を使うこともできる. なお, お金が「どのくらいかかりますか」と聞くなら次の問い.

5 Ça fait combien ?

23 > どんな種類の

6 Quel genre de films aimez-vous ?

24 > なぜ（どうして）

7 Pourquoi est-ce que vous avez tellement sommeil ?

8 Qu'est-ce qui vous a fait choisir cette profession ?

＊理由を問いかける質問がすべて pourquoi で表現されるわけではない. 例文のように「何があなたに〜させたのか？」と問いかけ「なぜ・どうして」のニュアンスとなる質問の仕方もある（英語の使役動詞 make を用いるパターンに類似）.

25 > なんですか

9 Qu'est-ce que c'est, cet immense bâtiment ?

＊Quel est cet immense bâtiment ? も同義.

10 Quel est votre passe-temps favori ?

＊「趣味」には英語からの借用語 hobby [nm] も使われる.

＜ 26 ＞ みせてください , みせていただけますか

091 Montrez-moi ce sac jaune qu'il y a en vitrine, s'il vous plaît.

＊「ショーウィンドウに」は dans la vitrine としてもよい.

092 Est-ce que je peux voir le mode d'emploi ?

＊「使用説明書」は le manuel d'utilisation とも言えるがこれは稀.

DELF A レベルで想定される6つの質問（面接や小論形式で問われるもの）への解答
を想定してディクテ問題に仕立てました. 質問への応じ方を考えるヒントになれば
いなのですが.

093 Demandez au fleuriste de faire un bouquet pour la fête des mères. N'oubli
pas de lui indiquer votre budget à ce moment-là.

花屋さんで母の日にちなんだ花束を作ってくれるように頼んでください. その際に予算
告げるのを忘れないように.

▶ Pour un budget de 150 euros, **réalisez un bouquet avec quelques œillets a
centre et des roses rouges autour**, s'il vous plaît.

150ユーロの予算でカーネーションを数本中央に置き, 周囲を赤いバラで囲った花束を作
てください.

094 Avez-vous un instrument préféré ? Expliquez pourquoi, s'il vous plaît.

あなたが好きな楽器はありますか. それはどうしてか説明をお願いします.

▶ J'aime le violon. **Je ne sais pas en jouer, mais je ne peux pas m'empêch
d'écouter de la musique avec du violon** quel que soit le genre.

バイオリンが好きです. 自分で弾くことはできませんが, ジャンルを問わずバイオリンの
だと思わず聞き入ってしまいます.

5 Vous avez oublié votre smartphone au café. Veuillez en informer le serveur.

あなたはカフェにスマートフォンを忘れました.ウエイターにその旨を伝えてください.

Avez-vous vu un smartphone dans un étui bleu ? J'étais ici **il y a environ 30 minutes**, je crois que **je l'ai fait tomber ici** …

ブルーのケースに入ったスマートフォンを見ませんでしたか. 30分ほど前にここにいて, ここで落としたと思うのですが……

6 Que faire cet été ? Vous en discutez avec vos amis, qui ont des projets eux aussi. Comment les persuadez-vous ?

この夏は何をします? あなたはその件で友人たちと話し合いますが, 彼らも計画を立てています. どう説得しますか.

Je ne sais pas où vous voulez aller, mais moi je vais en Corse. J'ai gagné un voyage pendant un concours organisé par l'office du tourisme corse, et **je peux emmener jusqu'à trois personnes**. Qui veut venir ?

みんながどこに行きたいのか分かりませんが, 僕はコルシカ島に行きます. コルシカ島観光局主催のコンテストで旅行に当選しました. 最大3人まで参加できます. 誰か来たいですか.

7 Vous êtes invité à une fête samedi soir. Cependant, vous ne pouvez pas y aller en raison d'une urgence. Comment refusez-vous ?

土曜の夜のパーティーに招待されました. でも, あなたは急な用事のために行くことができません. どうやって断りますか.

Désolé(e) de ne pas pouvoir venir à la fête samedi. Ce jour coïncide avec l'opération soudaine de ma mère, et je veux l'accompagner. **Je passerai te voir bientôt. Encore pardon**.

ごめんなさい, 土曜日のパーティーに行けません. 母の急な手術の日と重なったので, 付き添いたいのです. またすぐ君に会いに行きますよ. 重ねて申し訳ない.

8 Dites où vous voudriez aller ce week-end. Qu'est-ce que vous aimeriez faire ?

今週末に行きたい場所はどこで, したいことはなんでしょうか.

▶ **Je voudrais me détendre dans une auberge thermale** parce que m〔〕
travail est terminé. Cependant, **les endroits trop éloignés sont plut〔〕
fatigants**, donc Hakone est mieux. Bien sûr, **je veux aussi profiter de〔〕
nourriture** à l'auberge.

仕事が一段落したので, 温泉宿でのんびりしたい. ただ, あまり遠い場所はかえって疲れ〔〕
ので箱根がいい. もちろん, 宿の食事も堪能したい.

練習問題 37 <099-100>

ここは(1)(2)の解答を併記いたします. うまく文意をつかめないと難問になりますが,〔〕
イントをつかまえられれば意外に平易です.

099 100

①
(1) - B
(2) Q : La personne qui fait cette annonce est-elle le capitaine ?
  R : On ne sait pas.
  ＊流れてくる文だけでは誰がアナウンスをしているか特定できません.

Au nom du capitaine et du reste de l'équipage, je tiens à vous remercier d'av〔〕
voyagé avec notre compagnie aérienne. J'espère que la suite de votre voyage se〔〕
agréable et que vous reviendrez bientôt parmi nous.

機長と乗務員を代表いたしまして, ご搭乗の皆様に私どものエアラインをご利用いただきまし〔〕
ことに御礼を申し上げます. 皆様のご旅行がすばらしいものとなりますようお祈り申し上げま〔〕
とともに, またのご搭乗を心よりお待ち申し上げております.

②
(1) - G
(2) Q : Où le réceptionniste vous a-t-il dit d'attendre ?
  R : Il m'a dit [proposé] d'attendre dans le salon.

Je suis désolé, monsieur. Les chambres sont toujours en cours de nettoyage. Vou〔〕
ne pourrez pas vous enregistrer avant 30 minutes. Pourquoi n'attendez-vous pa〔〕

ans notre salon ? Nous pouvons surveiller votre valise derrière la réception.

客様, 申し訳ございません. お部屋はただいま掃除中でございます. もう30分ほどチェックイン
致しかねます. ラウンジでお待ちいただけませんでしょうか. スーツケースはデスクでお預か
いたします.

)
) - A
) Q : Quand votre carte arrivera-t-elle ?
　 R : Dans les 10 jours.

otre carte de débit sera envoyée à votre domicile dans les 10 jours. Vous êtes
ié(e) d'apposer votre signature au dos de la carte.

ビットカードは 10日以内にご自宅に送付されます. カード裏面に署名いただきますようお願
いたします.

)
) - F
) Q : Cette personne est-elle à Nice maintenant ?
　 R : Non, elle est à Paris.
　　　＊質問が cette personne なので音源が男性であれ女性であれ, elle を用いて返答します.

viens du Japon où j'ai fini ma licence. Avant de venir en France, j'ai suivi des
urs de français pendant trois mois, puis j'ai repris des cours pendant six mois
Nice. Je sens que ce séjour à Paris, où j'ai acquis un peu de confiance en mon
ançais, est une opportunité unique pour moi de passer au niveau suivant.

は学位を取得して日本から来ました. 渡仏前に3か月間フランス語のレッスンを受け, その後
ースで6か月間レッスンを再受講しました. 自分のフランス語に少し自信がついた今回のパリ
在は私にとって次のレベルへと進むチャンスだと信じています.

)
) - H
) Q : Que dit-il qu'il n'aime pas ?
　 R : La coriandre.

Quand j'étais enfant, j'ai vécu en Thaïlande pendant environ trois ans. Je n'en
pas un souvenir précis, mais j'ai l'impression qu'il y avait beaucoup de monde
que la ville était en désordre. Il y avait de nombreux étals et le parfum des épic
flottait ici et là. Cependant, je n'aime toujours pas la coriandre.

子供の頃, タイに3年ほど住んでいました. 正確な記憶はありませんが, 人が大勢いて, 街が混
としていた印象があります. 屋台がたくさんあって, あちらこちらで香辛料の香りが漂ってい
した. しかし, 私はあいかわらずコリアンダー (パクチー) が好きではありません.

⑥

(1) - C

(2) Q : Dans quelle direction cette chambre est-elle orientée ?

R : Vers l'est.

La pièce que je préfère, c'est ma chambre. Elle est au dernier étage de l'immeub
ancien, sous le toit. Elle n'est pas très grande, mais elle est très claire. Les fenêtr
donnent à l'est et les matins ensoleillés, la chaleur du soleil me réveille. Le sole
est mon réveil préféré.

お気に入りの部屋は自分の寝室です. 古い建物の最上階, 屋根の下にあります. さほど広くはあ
ませんが, とても明るいです. 窓は東向きで, 晴れた朝は太陽の暖かな日差しで目覚めます. 太
が私のお気に入りの目覚ましというわけです.

⑦

(1) - E

(2) Q : Est-ce que cette personne dit que l'argent que gagnent les athlètes e
raisonnable ?

R : Non, elle dit que le montant dépasse le bon sens.

Il est vrai que les salaires des sportifs de haut niveau sont scandaleux. Le spo
rapporte beaucoup d'argent depuis qu'il est lié aux médias. C'est le cas des Je
Olympiques, par exemple. Il semble logique que les sportifs gagnent une somm
proportionnelle à ce qu'ils rapportent. Cependant, le montant est trop éloigné d
bon sens des gens du commun …

トップアスリートの給与が法外なのは確かです. スポーツがメディアと結びついてから, 多額

金をもたらしています. たとえば, オリンピックがその例です. アスリートが成果に比例した
額を稼ぐのは理にかなっているように思えます. ただし, その額は庶民の良識からはあまりに
離れすぎていますが……

) - D

) Q : La phrase « le ciel est la limite » est-elle négative ou positive ?
   R : C'est une phrase positive.

es gens avaient l'habitude de dire « le ciel est la limite.* » Cela signifiait que
ut sur Terre était possible. Les gens rêvaient d'avions. Maintenant, ils existent
aiment. Nous avons aussi des fusées. Clairement le ciel n'est plus la limite.
aintenant, l'univers entier nous est ouvert.

はかつて「空は限界だ」と言っていた. これは, 地球上では何でも可能であることを意味してい
. 人々は飛行機を夢見ていた. 今, 飛行機は実際に存在している.今ではロケットもある. 明らか
, もはや空は限界ではない. 今や, 宇宙全体が私たちに開かれている.

   直訳すると「空には限界がある」となるだが, 意味は逆で「限界はない」という決まり文句. 可能
だと思う範囲内に自らを限定するなかれ.

語源 nég「否定する」

写真のネガフィルム（ネガ）は被写体の明暗・色が反転した「陰画」と呼ばれるもので, 反意語
が「ポジ」. いわば, 裏と表. 形容詞 négative は文字通り「否定的な」の意味. 日本語でネグレク
トと呼ばれる「育児放棄, 怠慢」に関連する動詞 négliger「なおざりにする」は" lect「集めるこ
と」を否定して, ほっておく"に由来. 意外だが, nécessaire「必要な」も同じ語源. "cess「譲る」
ことを「否定」する"と「譲れない」→「必要な」と展開する.

第 **4** 章 筆記試験や会話で自分のことを表現するための
礎石の見直しと読解力を支える単語力拡充問題

練習問題 38 < 001-020 >

001 カナダの首都はモントリオールですか. **Non.**

 ＊トロントとモントリオールの間に位置するオタワ Ottawa が首都と定められている. フ
 ンス語圏と英語圏の境に近い場所.

002 日本の総人口は１億人を超えていますか. **Oui.**

 ＊一時期, 123, 456, 789と数字を並べると日本の人口になるとジョークが飛ばせた. 事実
 TGVの車内でフランスの高校生たちにこの数字を言って驚かれた経験がある. ただし,
 本人がエコノミックアニマル economic animal と呼ばれて数10年を閲した1990年台
 こと.

003 パリがフランスで一番人口密度が高い都市ですか. **Non.**

 ＊Paris 北西に位置する Levallois-Perret が一番. ちなみに, 東京より人口密度が高い.

004 Blaise Pascal が「われ思う, 故に我あり」と唱えたのですか. **Non.**

 ＊ラテン語 Cogito, ergo sum. と訳されるこの言葉は René Descartes が提起した命題.

005 「双子を混同する」の反意語は「見分ける」ですか. **Oui.**

006 Mieux は bon の優等比較級ですか. **Non.**

 ＊mieuxは副詞 bien の優等比較級, 形容詞 bon は meilleur(e) となる.

007 「利益」は「原因」の反対語ですか. **Non.**

 ＊cause et effet / profit et perte という関係.

008 歯科医は喉を治療する医者ですか. **Non.**

009 エスカルゴは世界三大珍味に数えられていますか. **Non.**

 ＊truffe / foie gras / caviar が三大珍味. ちなみに「世界三大料理」なるものに「和食, 日本
 理」はカウントされていない.

010 １メートルは100センチと等しいですか. **Oui.**

011 イタリア料理にオリーブオイルは欠かせませんか. **Oui.**

2 クスクスは中国料理ですか．　**Non.**

　　＊クスクスは発祥地は北アフリカから中東とされ, フランス, イタリアへと伝わっていった
　　　料理.

3 「自動操縦装置」はF1レーサーが使う言葉ですか．　**Non.**

　　＊同じ pilote でも飛行機の操縦士に必要なもの. F1レーサーは自動ではなく, マニュアルの
　　　自動車の操作技術の高さがポイント.

4 À vos souhaits は拍手をした相手に向けて使われますか．　**Non.**

　　＊「拍手」ではなく「ハクション」への応答.

5 会話では Merde! が驚嘆の意味合いでも使われるのですか．　**Oui.**

　　＊感嘆の一言で, Merde alors！「すごいぞ」などと使う. また, 試験を受ける人への後押し「頑
　　　張って, 幸運を祈るよ」や, 「観客がたくさん来ますように（千客万来）」の祈願の意味でこ
　　　の一言を使う.

6 「都会生活」が「田舎暮らし」の反対語ですか．　**Oui.**

7 「自然言語」の反対語は「野生言語」ですか．　**Non.**

　　＊エスペラント espéranto のような「人工言語」langage artificiel が反意語.

8 パリの区は合計23ありますか．　**Non.**

　　＊東京ではありません, パリは au total 20 arrondissements. です.

9 日本語の「犬猿の仲」をフランス語にすると「犬」と「猫」になりますか．　**Oui.**

　　＊s'entendre comme chien et chat とか amis comme chien et chat といった使い方をする.

20 普段, 茹でたサラミを食べますか．　**Non.**

　　＊「加熱するソーセージなら」saucisse だが, サラミは「そのまま食べる」saucisson に分類
　　　される.

練習問題 39 ＜021-070＞

21 甥は女性です．　**Faux**

22 京都は東京より北に位置しています．　**Faux**

23 ヨーロッパで一番高い山はモンブランです．　**Vrai**

024 エステティックサロンには看護師が常駐しています. **Faux**

025 最寄り駅は基本的に現在地より数キロ先です. **Faux**

026 屋根（建物の最上面）は１階よりも必ず広い. **Vrai**

027 砂漠地帯でも気温が40度を超えることはない. **Faux**

028 海に注ぐ川は fleuve と呼ばれる. **Vrai**

029 洪水が起こる主要な原因は強風である. **Faux**

030 レントゲン技師は皆公務員だ. **Faux**

031 日本の国会議員の半数は女性である. **Faux**

＊世界全体で女性の国会議員が50%を超えているのはルワンダ Rwanda やキューバ Cuba など５カ国程度.

032 フランスは太平洋に面している. **Faux**

＊「大西洋」Océan atlantique と「地中海」Mer méditerranée には面している.

033 アイザックニュートンは有名な考古学者だ. **Faux**

＊「学者」というくくりなら astronome, physicien, mathématicien あるいは philosophe naturel などの肩書きがつけられるが「考古学者」ではない.

034 「睡蓮」という名の絵画を描いたのはゴッホである. **Faux**

＊ Oscar-Claude Monet の最晩年の作品. パリの Musée de l'Orangerie に飾られている.

035 英語とフランス語と日本語を流暢に操る人はバイリンガルと呼ばれる. **Faux**

＊ bilingue は「２ヶ国語」を自由に話す人,「3カ国語」を操るなら trilingue,「多数言語」を操るなら人物は multilingue あるいは plurilingue（学術用語）という.

036 ナントはロワール川の河口付近に位置する. **Vrai**

037 かつて日本は200年以上にわたって鎖国をしていた. **Vrai**

038 ハワイ島に活火山はない. **Faux**

＊キラウエア火山（ハワイ語で「噴きだす」の意味だという）がある.

039 人間は草食動物に分類される. **Faux**

＊人間は野菜も肉も食べる「雑食動物」omnivores に分類される.

40 トランペットは管楽器だ．　**Vrai**

＊「管楽器」はさらに bois「木管楽器」と cuivres「金管楽器」に分類される．

41 日本の学園祭は3月に開催されることが多い．　**Faux**

＊10月末から11月前期が大半．

42 下痢は耳の問題だ．　**Faux**

43 書店（la librairie）は本が借りられる場所だ．　**Faux**

> **語源** -airie / -aire / -oire「場所」
>
> 英語の *library* は「図書館」, フランス語で librairie [nf] は「書店」, これは初学者が混同しや
> すい. 語源としては " liber「本」＋ -ary / -airie「場所」"なので混同もさもありなん. -aire /
> -oire も「場所」を表し, たとえば dictionaire は"diction（語法）＋「場所」", vocabulaire な
> ら"vocabe「語」＋「場所」"から. observatoire は"observer「観察する」場所"なので「天文
> 台, 気象台」の意味になる.

44 バレーボールやバスケットボールは身長が高い方が有利なスポーツだ．　**Vrai**

＊「体重制限」limite de poids のあるスポーツはあるが,「身長制限」restriction de hauteur
を設けたスポーツがないのはどうしてなのだろうか.

45 Un ballon サッカーの試合に使われるのはボールである．　**Vrai**

＊une balle は「小さなボール」で「卓球, ゴルフ, テニス, 野球」などで使うものを指し, un
ballon は「サッカー, ラグビー, バスケット」などのボールを指す.

46 ゴールキーパーは音楽の演奏には欠かせない．　**Faux**

47 全能の人間などいない．　**Vrai**

48 スパゲティーは普通スプーンで食べる．　**Faux**

49 大学の一番の長は副学長と呼ばれる．　**Faux**

＊vice-「副」「代理」「次位」の接頭辞は不要.

50 私の父親の兄は私にとって3親等に相当する．　**Vrai**

51 南半球ではオーロラは見られない．　**Faux**

＊オーロラ「極光」はその名の通り, 一般には極点に近い高緯度地域で見られる現象.フラン

解答・解説

ス語では L'aurore boréale est dans l'hémisphère nord, l'aurore australe est au su
と分けている.

052 フランスでは電力の約50%を太陽光に依存している.　**Faux**

＊「太陽光」や「風力」での発電に力を入れているが, まだまだ pouvoir nucléaire が中心.

053 普通列車は路線内のすべての駅に停まります.　**Vrai**

054 タクシードライバーは編集者と呼ばれる.　**Faux**

＊「タクシードライバー」など広く「職業運転手」には chauffeur を用い,「バスやトラック
運転手」に絞って conducteur, conductrice という単語も使われる. 一般の「ドライバー
は automobiliste とフランス語では区別される.

055 葬儀には派手なプレゼントが欠かせない.　**Faux**

056 どの国でも喪服は白と決まっている.　**Faux**

＊はみだし情報だが, かつては日本では「供養の気持ち」を込めて「白の喪服」が通常であ
た時代, 地域があった. 今でも, 喪主や遺族が「白」を着用する地域がある. ちなみに黒の
服を日本に広めたのは大久保利通とされている.

057 カトリックの神父（司祭）は結婚できない.　**Vrai**

＊カトリックの「神父, 司祭」un prêtre とプロテスタントの「牧師」un pasteur を混同し
いる人は少なくない. なお, 例文は prêtre だけだと「(他宗教の)祭司, 聖職者」も指すこ
から文脈がないため catholique と添えた.

058 肥満は健康のシンボルだ.　**Faux**

059 「犬の canin(e)」習性とは「犬の des chiens」習性のことです.　**Vrai**
＊これは DELF A のレベルを超えた単語力を要する問題.

060 ノスタルジックな感情とは, 過去の経験に対する懐かしさを指します.　**Vrai**
＊これも DELF A の範囲を超えている問題.

061 文学は「学問の母」とも呼ばれる.　**Faux**
＊「学問の母」は「哲学」la philosophie を指す.

062 物理学は典型的な理系の学問です.　**Vrai**

063 インターチェンジは狭い路地裏にあることが多い.　**Faux**

064 筋肉を鍛えるためにプロテインを飲む人は大勢います.　**Vrai**

5 日本で除夜の鐘を108回鳴らすのは人の本能の数と同じだからと言われます. **Faux**

＊「本能」ではなく「煩悩」désirs（あるいは passion, concupiscence）の数.

6 シモーヌ・ヴェイユは人工中絶の合法化に尽力した. **Vrai**

＊政治家で, 人工妊娠中絶の自由化を実現し, 女性の自由の象徴的な人物となる. なお, 哲学者 Simone Weil は別人.

7 Orléans オルレアンはパリの北西に位置している. **Faux**

＊Orléans の位置はぜひ地図でご確認ください. 知らない人名や地名に出くわした際にその名を調べてみる癖がつくと学びの礎石となるはず.

8 10年間を指して décennie という. **Vrai**

＊「10年間」は décade [nf] ともいう.

語源 deca「10」

そもそもはギリシア語が起源だが, dec(a)で「10」の意味. イタリア文学, ボッカチオ作 Decameron は「10日物語」と訳される. そこから décade, décennie"「10を1組とする」単位"が生まれた. スポーツ「十種競技」は décathlon, 「12月」Décembre も「古代ローマ歴10月」から来ている.

9 ヴァンセンヌ動物園はパリの有名な植物園です. **Faux**

＊「動物園」jardin zoologique です.

70 ジャンポールサルトルは象徴主義の代表的な人物だ. **Faux**

＊サルトルは「実存主義」existentialisme [nm] で知られる哲学者.

練習問題 40 <071-080>

71 大抵のオリンピック選手の目標　　**金メダル**　　レアメタル　　変身

72 弁護士に必須の書物　　語源辞典　　百科事典　　**六法全書**

73 植物を研究をする人　　生化学者　　生物学者　　**植物学者**

74 近代五種競技の1種目　　フェンシング　　**砲丸投げ**　　卓球

075 自然界に存在する最も重い元素　　チタン　　**ウラン**　　バナジウム

> **語源** ium「元素の語尾」/「場所」

uranium はギリシア神話で「天を司どる Uranus」から名づけられた. vanadium は元素記号に v がないことを理由にスウェーデンの化学者が「スカンジナビア神話の愛と美の女神」にちなんだとされる. いずれも発見者(あるいは再発見者)による命名. また, -ium で終わる単語は「場所」も表す. たとえば「水族館」は aquarium(←aqua「水」の場所),「録音室, 講堂」は audiorium(←audio「聴覚の」場所)となる. いずれも男性名詞.

076 病気の研究　　反感　　**病理**　　テレパシー

> **語源** path「病気」

pathologie は「path(病気)+ologie(学)」で「病理学」の意味. この単語に「精神」を意味する語を頭にプラスすると psycopathologie [nf]「精神病理学」となる. また「悲壮な」を意味する形容詞 pathétique は元々は「痛ましい」の意味からきている単語.

077 精密な時計　　時代錯誤　　年表　　**ストップウォッチ**

> **語源** chrono「時間」+mètre「測定装置」

chronomètre は“chrono「時間」+mètre「測定装置」”→「ストップウォッチ」で, chrono [nm] だけでも会話で「ストップウォッチ」を指す. 動詞 chronométrer は「(ストップウォッチで)タイムを計る」の意味. chronologie の“logie”は「記, 表」. また, 日本語にもなっている「アナクロ(時代錯誤)」anachronisme [nm] を分解すると“ana「前の」+「時」+isme「主義」”となる. mètre については, thermomètre [nm] で“thermo「熱」+mètre”=「温度計, 寒暖計」, hygromètre [nm] で“hygro「湿気」+mètre”=「湿度計」, mètre を podo「足」にプラスして「万歩計」, seismo「地震」に添えれば「地震計」となる.

078 家族の祖先の研究　　**系譜**　　集団殺戮　　幾何学

079 遺伝の科学　　**遺伝学**　　整形外科　　教育学

080 生誕に遡れる　　**先天性の**　　常習的な　　社会心理の

「私は〜する」「私は〜だ」を皮切りに, 意見や感情, 態度を説明する文に慣れておきたいものです.

1　f　**Je pense que** vous avez tort.

2　g　**Je présume que** votre grand-père est toujours en vie.

3　i　**Je suis d'accord** avec vous sur ce point.

4　d　**Je ne suis pas d'accord** avec lui sur ce sujet.

5　e　**Je ne pense pas que** la grève réussira.

6　a　**J'aimerais** être plus jeune.

7　b　**J'espère que** ma mère guérira bientôt.

8　j　**Je voulais** être avocat.

9　c　**Je n'ai pas envie de** sortir aujourd'hui.

10　h　**Je profite d'**une bonne santé.

本語彙の射程「思う, 考える」

roire　信じる（直感的に「思う」, 潜在的に「思っている」, 本人の確信度は高い）

Alice est suédoise, je crois.
アリスはスエーデン人だと思います.

enser　思う（論理的に「思う, 考える」の意味合い）

Je pense, donc je suis.
われ思う, 故にわれあり.

trouver　思う（五感を通じて「思う，感じる」，感想・意見を表す）

　　Tu trouves que ce couscous est bon ?

　　このクスクスおいしいと思いますか.

présumer　推定する，思う（根拠は薄いが自信はある）

　　Je présume un bon résultat.

　　私はよい結果が得られるものと思っています.

supposer　推測する，思う（自分なりの根拠はあるが自信に欠ける）

　　Je suppose sa femme très gentille.

　　彼の奥さんはさぞや優しいのだろうと思います.

練習問題 42 ＜091-100＞

091　**b　J'ai peur qu'**il (ne) pleuve ce soir.

092　**d　Je m'intéresse** beaucoup au français.

093　**c　Je m'inquiète pour** la santé d'un(une) proche.

094　**j　Je suis très heureux(se) de** vivre avec toi.

095　**g　Je suis satisfait(e) de** ma nouvelle voiture.

096　**f　Je suis ravi(e) de** vous voir.

097　**i　Je suis surpris(e) de** cette nouvelle.

098　**e　Je suis mécontent(e) de** sa malhonnêteté.

> **語源** 接頭辞 mé- / mal-「否定，誤った，悪い」
>
> 　□ **méconnu(e) adj**　　　（世に）認められていない
> 　　**méconnaître vt**　　　正しく認識（評価）しない

□ **méchant(e) adj**	悪意のある, 意地悪な
méchanceté nf	意地悪さ, 悪意
□ **maladroit(e) adj**	下手な, 不器用な（＝ malhabile）
maladresse nf	不器用さ
□ **malheureux(se) adj**	不幸な, 残念な
malheur nm	不幸

9 a **J'ai été déçu(e) du** résultat de l'examen.

10 h **Je suis sûr(e) de** mon succès.

文の書き出しや会話の出だしで使える副詞・副詞句

01 b **Au fond**, ce professeur est une personne gentille, mais il ne le montre pas toujours.

02 j **Personnellement**, je préfère le vin blanc.

03 h **Honnêtement**, je ne peux plus vivre avec ta mère.

04 c **À vrai dire**, les gens disent que je suis assez colérique.

05 a **À proprement parler**, ce n'est pas un philosophe.

06 e **En apparence**, elle a l'air très gentille.

07 f **En théorie**, ce sera possible.

08 g **Heureusement**, je n'ai été que légèrement blessé.

109 **i** **Malheureusement**, mon père a été hospitalisé après ma mère.

110 **d** **Bref**, mon patron me hait.
   ＊En un mot, En somme, En résumé などにも置き換えられる.

練習問題 44 ＜111-120＞

111 **g** **Finalement**, il a rejeté l'offre.

112 **h** **En outre**, ma fille a du talent.

113 **f** **En effet**, il a commencé à neiger.

114 **e** **De manière générale**, je me lève à cinq heures du matin.
   ＊généralement, en général も同義.

115 **i** **Franchement**, cette musique est trop commerciale.
   ＊franchement parlant も同義.

116 **a** **À son gré**, ma tante est trop sévère avec ses enfants.

117 **j** **Métaphoriquement parlant**, votre patron est comme Hitler.

118 **d** **Autrement**, personne ne viendra demain.

119 **b** **Au besoin**, prévenez-moi.

120 **c** **Au bout du compte**, il n'est pas plus avancé qu'hier.
   ＊après tout ça も同義.

1   h   J'ai visité la France **pour la première fois** il y a trois ans.

2   a   J'étais nerveux **au début**, mais je m'y suis habitué en 5 minutes.
　　　＊例示のように, au début ... mais と展開するケースが多い. au commencement も
　　　類義. 強調して, tout au début, au tout début とも表現する. また, J'ai un début de
　　　rhume.「風邪気味です(←風邪の始まりです)」といった言い回しでも使う.

3   j   **Tout d'abord**, permettez-moi d'énumérer trois choses que je veux dire.
　　　＊pour commencer ともいう.

4   i   **Premièrement**, l'aspirateur est peu coûteux, et deuxièmement, il a une
　　　forte puissance d'aspiration.

5   b   **De plus**, si vous payez la cotisation, vous pouvez assister gratuitement à
　　　une conférence.

6   f   **En plus d'**une analyse détaillée, cet article présente de nombreux points
　　　de vue originaux.

7   g   **Par exemple**, certaines personnes trouvent les salutations japonaises
　　　étranges.

8   d   **En d'autres termes**, « Merci pour la dernière fois » est une sorte de
　　　salutation.
　　　＊en d'autres mots, autrement dit も類義.

9   c   Le plastique est pratique, mais **d'un autre côté** il pollue l'environnement.

10   e   Mon père connaît bien l'histoire politique de l'Europe, **en particulier** de
　　　la France.

和訳からフランス語を作文する練習をすると「書く力」がつきます.

＊ここは慣用句. なお, 以下の点に注意.
1. 原因・理由を表す慣用句：節内では直説法が使われる.
2. 目的を表す慣用句：節内では接続法が使われる.
3. 条件・仮定を表す慣用句：接続法, 条件法（au case où のとき）が使われる

131　h　**Comme** aujourd'hui c'est dimanche, la plupart des magasins sont fermés

今日は日曜なので, 大半の店は閉まっています.

＊主節の前に置く. この接続詞は原因と結果を強く結びつける. Aujourd'hui c'e
dimanche, donc la plupart des magasins sont fermés. と書き換えられる.

132　l　Il a quitté la classe plus tôt **sous prétexte qu'**il était malade.

彼は病気を口実に授業を早退した.

＊Je crois qu'en réalité il n'avait pas envie de travailler. という含意. Il a quitté
classe plus tôt **sous prétexte de** maladie. と書き換えられる.

133　a　Le vol de correspondance vers Paris a été considérablement retardé
cause du mauvais temps.

天候不順のせいで, パリへの接続便が大きく遅れた.

＊en raison du mauvais temps も類義. あるいは parce qu'il fait mauvais などとも
い換えられる.

134　e　**Puisqu'**elle a une valise si lourde, elle ferait mieux de prendre un taxi.

彼女はあんなに重いスーツケースを持っているのだから, タクシーに乗るほうがいい.

＊聞き手が知っている情報をベースに語り, 原因と結果の関係を明白に示す文で使う.

135　b　Mon frère est parti avec une heure d'avance **de peur d'**être en retard pou
son premier jour.

兄（弟）は初日に遅刻するのを恐れて 1 時間前に家を出た.

＊de peur de＋inf. で「～することを恐れて, ～してはいけないから」の意味になる.

j Placez votre affiche électorale ici **pour que** tout le monde puisse la voir.

選挙ポスターは皆がそれとわかる<u>ように</u>ここに貼ってください.

＊「〜するために」の意味で最も頻度が高い.類義の afin que は少し凝った言い回し.

f **Au cas où** vous ne seriez pas là, je laisserai un message à la réception.

あなたがご不在の<u>場合には</u>フロントにメッセージを残しておきます.

＊au cas où には「もしひょっとして」（= si jamais, si par hasard）の含意がある. この言い回しは条件法をとる点に注意.

g **En supposant que** je puisse prendre le premier train, je pourrai assister à la réunion de 10 heures.

始発に間に合う<u>と仮定すれば</u>午前10時の会議には出席できるでしょうが.

＊... mais il n'est pas sûr que je puisse prendre le premier train. という話者の気持ちが背景にある. **À supposer que** je puisse prendre le premier train, としても同義.

i **Tandis que** je travaillais, mon mari buvait avec ses amis.

私が働いている<u>のに</u>, 夫は友人たちと飲んでいた.

＊対立と考えれば alors que で書き換えられる. ただし, tandis que は pendant que と同義とも考えられるため「私が仕事をしている<u>間に</u>, 夫は友人たちと飲んでいた」とも訳せる.

c **Bien qu'**elle m'ait promis de ne pas venir à la fête, elle est venue avec sa sœur.

彼女はパーティーには来ないと約束していた<u>のに</u>, 妹（姉）を連れてやってきた.
＝Elle m'a promis de ne pas venir à la fête, mais elle est venue avec sa sœur.

＊bien que は譲歩「〜にもかかわらず」の意味. quoique も同義だが使用頻度は落ちる.

d Elle occupe un poste important, **encore qu'**elle soit bien jeune.

彼女は非常に若い<u>にもかかわらず</u>, 重要なポストについています.

＊encore que は後ろに条件法が置かれることもある.

k Le rhinocéros noir est **tellement** braconné **qu'**il est en voie de disparition.

黒サイは<u>あまりに</u>密猟され<u>すぎて</u>絶滅の危機に瀕している.

＊英語の so ... that に相当する言い回し.サイは角がアジアの伝統薬の原料であるため, 高値で売買されている.

143 (1) ③ **Je suis une personne assez timide et je n'ai pas beaucoup d'ami** **mais je peux compter sur M. Richard.** Il est intelligent, honnête et toujours le sourire aux lèvres. ② **Je ne l'ai jamais vu de mauvaise hume** Il étudie dur le japonais et maîtrise très bien l'aquarelle. ① **Chaque fo** **que j'ai un problème autour de moi, je le consulte.** C'est un collègue travail, mais il est pour moi comme un senior fiable.

(質問文) あなたの親友をご紹介ください.

けっこう人見知りのタイプで友人は多くはありませんが, リシャールさんは頼りになりま
彼は聡明で誠実, いつも笑顔を絶やしません. 一度も彼が不機嫌そうにしているところを
たことがありません. 日本語を熱心に勉強していて, 水彩画がとても上手です. 自分の周
に面倒なことがあるたびに彼に相談します. 職場の同僚ですが, 私には頼りになる先輩
ような人です.

144 (2) Pas à propos de moi. Cependant, je suis fier(ère) de mon jardi ② **Avec plus de 30 types de fleurs qui fleurissent**, c'est comme u jardin botanique au printemps. ① **Au fil des saisons**, diverses fleu s'épanouissent tour à tour et nous ravissent. ③ **Tout en ressentant le** **merveilles du fonctionnement de la nature**, j'apprécie sa splende chaque jour.

(質問文) 何か自慢できることはありますか.

自分自身に関してはありません. ただ, 自宅の庭は自慢です. 30種を超える花が咲き, 春
まるで植物園です. 季節の移り変わりとともに順番に色々な花が咲いて, 私たちをうっと
させてくれます. 自然の営みの不思議を感じながら, 私は日々その素晴らしさを堪能して
ます.

問：単に答えをチェックするだけでなく，記憶を頼りに（あるいは和訳を参考にして）
う一度問題文を確認してみてください．一言一句正確である必要はありません．少し
も表現や語彙が増殖している感覚がつかめればそれでOKです．なお，この返答の中に
DELF A2 のレベルを超えるものがいくつかあります．

Qu'est-ce que vous voudriez faire plus tard ?
今後なにがしたいですか．

A Je travaille comme (1) [**employé de banque** / fonctionnaire] depuis
10 ans, mais si possible, j'aimerais ouvrir un restaurant dans ma ville
(2) [natale / **originaire**]. Mon rêve est de (3) [**diriger** / retenir] un
restaurant français qui utilise des ingrédients locaux.

＊(2) originaire「〜生まれの」は < originaire de+[地名] >の形で用いる形容詞（例：Mon
père est originaire du Midi.「父は南仏の出身です」）. (3) retenir ではなく，tenir un
restaurant français なら同義になる.

B Après (1) [ma sortie / **mes études**], je vais chercher un travail qui ne
m'oblige pas à (2) [faire / **voyager**] en métro bondé. J'aimerais trouver
un emploi qui me permette de travailler (3) [**à distance** / en direction]
pour rester chez moi ou (de) me déplacer à ma guise.

＊(1)「卒業する」なら finir [terminer] ses études（←学業を終える）あるいは sortir de
l'école といった言い方をする. ただし, ma sortie では「卒業」の意味にはならない.
「卒業証書をもらった後」après l'obtention de mon diplôme なら類義になる. (2)
voyager「（乗り物で）移動する」という語義は意外に盲点. faire le voyage en métro
bondé なら同義になる. (3) < en direction de+[場所] > で「〜行きの，〜に向かって
の意味」（例：le train en direction de Londres「ロンドン行きの電車」）. travailler à
distance は直訳すれば「離れたところで仕事をする」となる.

147 **C** Après (1) [**avoir élevé** / avoir développé] mes enfants, je veux faire ⸀
voyage tranquille en Europe avec mon mari. Je ne suis pas partie en (⸀
[**lune de miel** / terre de miel].

＊(1) développer は「(能力・体力を)伸ばす」(例：développer les dons d'un enfant「⸀
供の才能を育てる」) の意味では使うが「子育て」の意味はない. (2) terre de miel
は「ハニーアース」になってしまう.

練習問題 49 < 148-150 >

Que faites-vous le week-end en général ?
普通, 週末は何をしていますか.

148 **D** Je révise le français que je ne peux pas faire en semaine. Pour moi,
[**plaisir d'utiliser une grande quantité de temps**] pour l'apprentissa⸀
des langues est exceptionnel.

平日にできないフランス語の復習に充てています. 私には, まとまった量の時間を語
学習に使える楽しさは格別なものです.

＊解答へのアプローチは1つではないが, 定冠詞 le に続くのは le temps か le plaisir
いずれか. < une (grande) quantité de＋[無冠詞名詞] >で「多くの〜, たくさんの〜」
いう言い回しに気づけば, le plaisir が主語とわかる. あわせて le plaisir が de＋inf.
同格を導くことに気づけば解答に行き着く.

149 **E** Je m'entraîne à la salle de sport. Je revitalise (1) [**mes muscles émouss⸀
par le métro**] et recharge (2) [**mon énergie pour le**] lendemain.

スポーツジムで運動をします. 地下鉄の通勤でなまった筋肉を再活性化させて, 翌日
の活力をチャージするのです.

＊(1) 複数形の名詞・形容詞があるので mes muscules émoussés のつながりが見つ⸀
る. (2)「翌日」は定冠詞を添えて le lendemain, recharger の目的語が mon énerg⸀
と気づけば並べられるはず.

150 **F** Je veux dormir, me réveiller, manger et paresser. En d'autres terme⸀
je veux (1) [**profiter du luxe de ne rien**] avoir à faire. Mais la réalité e⸀
exactement le contraire, et je n'ai (2) [**qu'un jour de repos par mois**].

寝て, 起きて, 食べて, だらだら過ごしたいですね. 言い換えれば, 何もしなくていい贅沢を満喫したい. でも現実はまったく逆, 私が休めるのは月に1日だけなのです.

＊(1) je veux に続くのは profiter と分かれば, profiter de *qqch* の語順が見えてくるはず. luxe ＝ ne rien avoir à faire「贅沢＝しなくてはならないことが何もない」という同格の de にも注意したい. (2) ne ... que の限定と, たとえば une fois par mois「月に1度」の応用表現,「月に1日だけの休息日」と並ぶことに気づくかどうか.

Pour vous, la mode est importante ?
あなたにとって, ファッションは重要ですか.

61 G Je pense que la mode est importante, [①**parce que «l'apparence» est un facteur important dans le contact avec les gens**]. Cependant, je pense qu'il y a un problème à être trop pointilleux sur la mode.

ファッションは大事だと思います. ①<u>人との接触において「見た目」は大きな要素だからです</u>. ただ, ファッションに細かすぎるのは問題だと思います.
② あなたは服のセンスがいいですから
③ 外見を気にするなら, 衣類について話す権利などありません

62 H [① **Ça ne m'importe pas du tout**], parce que je ne m'intéresse pas à l'extérieur de la personne, je m'intéresse à l'intérieur.

① <u>まったくどうでもいいことです</u>, 私は人の外見に興味などなく, 内側に関心があるからです.
② 田舎へ行くことにためらいはありません
③ 心配しないでください

63 I J'aime m'habiller, donc [① **j'ai un fort intérêt pour la mode**]. Je pense que c'est l'affirmation de soi en soi.

自分を着飾るのが好きですから, ①<u>ファッションには強い関心を持っています</u>. 自身の態度の明確化そのものだと思っていますので.
② 世界の将来に強い関心を持っています
③ ライフスタイル（生活様式）に強い関心を持っています

Que faites-vous pour protéger votre santé ?
健康を維持するために何をしていますか?

154 ☐J☐ **[b : Je fais des exercices radio tous les matins]**. C'est un exercice lég◄ de 10 minutes maximum, mais qui en vaut la peine pour entretenir s condition physique.
毎朝, ラジオ体操をしています. 最大で10分の軽い運動ですが体調維持には価値があ ます.

155 ☐K☐ **[d : Je prends beaucoup de suppléments]**. Je fais aussi très attentic à mon alimentation. Cependant, je souffre depuis longtemps d'u estomac fragile.
サプリメントをあれこれ飲んでいます. 食事にもかなり気を使っています. ただ, 胃弱です と悩んでいます.

156 ☐L☐ **[c : Je ne fait rien de particulier]**, mais j'ai confiance en ma sant Cependant, je sais que ce genre de confiance sans fondement es dangereux.
特に何もしていません, でも健康には自信があります. とは言いながら, こうした根❖ のない自信が危険なものだとわかっています.

※選択肢 a, e は「バカンスが待ち遠しいです」「週に2, 3度はタクシーで会社に行き す」の意味.

Si vous étiez riche, qu'est-ce que vous voudriez faire ?
もしあなたが金持ちだったら, 何をしたいですか.

157 ☐M☐ J'adore **[les jeux de société]**, j'aimerais donc acheter un ordinateur d haute qualité et explorer **[de nouveaux mondes tels que]** les échecs o le shogi tout en utilisant l'IA.

ボードゲーム(室内ゲーム)が大好きなので, 高品質のコンピュータを買って, AIを駆使して, チェスや将棋といった新しい世界を探索してみたいです.

＊仮に「ボードゲーム」という単語を知らなかったしとてもこの語順以外には並べようがない. < tel que ＋ [名詞] > 「〜のような(タイプの)」(tel の性数は前に置かれる名詞の性に一致)が分かれば正しい順番を導ける.

N J'ai déjà 70 ans, donc je ne suis plus obsédé par l'argent. Je garderais assez d'argent pour vivre et je donnerais le reste à la Croix-Rouge.

* Croix-Rouge「赤十字」

(試訳)すでに70歳ですから, 今更お金に執着はありません. 暮らしていけるのに十分なお金を手元に取っておいて, 残りは赤十字に寄付しますよ.

O Si possible, j'utiliserais cet argent pour devenir [**diplomate** / **politicien**]. Je ne peux m'empêcher de penser que la politique actuelle n'est pas tournée vers [**l'avenir** / **le passé**]. Ce n'est pas [**une forme** / **un modèle**], mais je veux utiliser l'argent pour [**le phénomène social** / **la réforme sociale**].

できるなら, そのお金を資金にして政治家[外交官]になりたいです. 現在の政治は未来[過去]志向でない気がしてなりません. これは(人が見習うべき)規範[形式]などではありませんが, 自分は世直し[社会現象]にお金を使いたいです.

練習問題 53 < 160-162 >

---

160 161 162

Onomichi fait (1) **face à la mer intérieure** de Seto, on peut (3) **donc** manger de nombreuses sortes de poissons frais. Il existe de nombreux (2) **[sites pittoresques]** le long de la côte. (3) **Par ailleurs**, le climat est chaud et humide, avec des étés courts et chauds et des hivers froids.

尾道は瀬戸内海に面しているので, 新鮮な魚がたくさん食べられます. 海岸沿いには景勝地がたくさんあります. その反面, 気候は高温多湿で, 夏は短く冬は寒いです.

＊(1) faire face à *qqn/qqch* で「〜に向く, 面する」の意味. (2)の選択肢は順に「1 山小屋　2 避難所 3 景勝地 4 監視塔」の意味. (3)「海に面している」したがって「新鮮な魚があれこれ食べられる」というつながり. あわせて, 「プラスの面はあるが」その反面「天候に難あり」という流れ.

163 **1. génie   2. transpiration**

(訳)いわゆる天才はいますが, その大半は他の人よりずっと努力をしたために成功したので, エジソンが言ったように, 天才とは1パーセントのインスピレーションと99パーセントの汗で

＊この transpiration は effort の言い換え. なお, 選択肢の respiration は「呼吸」, suspicion は「疑い」の意味.

164 **la valeur**

(訳)人の価値は, その人の社会的地位ではなく人格に基づいて判断しなければなりません

＊選択肢の la taille「身長」, le poids「体重」, les défauts「欠点」は的外れ.

165 ❸ **Il n'y a pas de doute, la pratique rend parfait.**

(訳)私は10ヶ月以上日仏学院にフランス語の授業を受けています. 最初はフランス語の先生が何を言っているのか皆目わかりませんでしたが, 今では少し理解できます. 稀に冗談を交えた会話もします. 間違いなく, 継続は力なりというわけです(習うより慣れろ, 練習は上達への道).

＊他の選択肢を訳せば, ①ともかく, 火のないところに煙は立たない, ②まさに, 夜は知恵を呼ぶ(きちんと寝ればいい考えが生まれる), ④疑いなく, 去る者日々に疎し(目から遠くなると心からも遠くなる), となる.

166 **d) la personnalité individuelle   la nation**

(訳)「幸福」という概念は, 個人の個性が国家よりも重要になった19世紀の産物です.

＊他の選択肢は la dérogation individuelle「個人的な例外, 特例」, la propriété「所有物, 財産」の意味.

167 **d) (1) d (2) b**

(訳)私たちが学校で習う歴史は(1)権力を握っている人の歴史です. 歴史書には征服者や偉大な兵士が登場し, 本当に文明や文化を発展させた庶民についてはほとんど言及されません. たとえば, 戦国時代, 実際に戦ったのは武将ではなく, 平時は(2)ただ畑を耕すだけの名もなき農民でした.

＊(1)の他の選択肢を訳すと「a. 未来を信じる b. お金を気にしない c. 家計のやりくりが困難な(帳尻の合わない)」人となる. 同じく(2)は「a. 新しい芸術に造詣の深かった c. 畑仕事を怠った d. 武芸に励んでいた」名もなき農民となる.

1. 順に **similaires différents ancienne** と入る.

2. les Japonais pensent que les [**choses les plus récentes sont**] les meilleures,

(訳)日本人とフランス人はある意味では似ていますが, ある意味ではまるで異なります. 思うに, このふたつの国民の最大の違いは, 日本人は何かが新しければ新しいほどよいと考えるのに対し, フランス人は物が古ければ古いほど価値があると考えるという点でしょう.

travailler

(訳)英語の *travel* からの類推で, 動詞 travailler と voyager を混同する人がいます. ある意味, それは避けられないことです. この2つの言葉(フランス語の travailler と英語の *travel*)のそもそもの語源は「人を苦しめる拷問器具」だからです. 大陸(フランス)と島国(英国)では「苦しみ」の意味が違うので, 単語の意味も異なるのです.

＊その昔「旅する travailler」ことは, 島国の人々にとっては「命懸けのを苦難」だったわけです.

❹ prendre à des ambitions déformées

＊prendre à *qqch* で「(突飛な考えなどが)取りつく」の意味で使われる.

(訳)考古学はロマンティックな学問ですが, その一方で, 新たな発見をしたいあまり, ゆがんだ野望にとらわれやすい面もあります. それは人間の性(さが)です.

＊他の選択肢 ①は se laisser aller à faire des confidences で「打ち明け話をしてしまう」という意味. ②は「かっとなる」, ③は「研究者たちの言いなりになる」という意味です.

この8つの練習問題では一部, DELF B レベルの単語も使っていますが, 設問は A レベルに仕立てています. ただし, 本書の目的は DELF A を超える単語力拡充にあることを今一度確認しておきたいと思います.

練習問題 55 < 171 >

Cher François,

Tu as eu la gentillesse de m'héberger chez toi **lors de ma visite** en France au début de l'été.

Je trouve qu'il est très difficile de te remercier assez **pour toutes les choses** que tu as faites pour faire de ma visite un succès parfait.

Grâce à toi, il me reste de nombreux souvenirs que je chérirai toujours.

Si tu viens au Japon, assure-toi de me le faire savoir. Je serais très heureu
de te faire visiter mon pays.

S'il te plaît, sens-toi le bienvenu ici **à tout moment**.

Ton ami **depuis toujours**,

Kaoru

親愛なるフランソワへ

今年の夏の初めにフランスを訪れた際, 親切にも私をあなたの自宅に泊めてくれました.
の訪問を完璧に成功させようとあなたがしてくれたすべてに対して, いくら感謝しても
きれません. おかげで, これからもずっと大切にしたい思い出がたくさん残りました. あ
たが日本にお出かけの際には必ず知らせてください. 喜んで日本を案内いたします. どうそ
いつでもおいでください.

いつもあなたの友,

薫

練習問題 56 < 172-173 >

172 (1) [④ **S'il n'y avait pas eu de pétrole**], l'histoire du 20e siècle aurait é
toute autre : la voiture et l'avion, symboles de la civilisation actuelle
n'auraient guère pu exister. Cependant, on ne peut nier que la pollution
de l'environnement s'est accélérée à cause de cet or noir.

もし石油がなかったら, 20世紀の歴史はまったく違ったものになっていたでしょう. 現在の
文明の象徴である自動車や飛行機は存在し得なかったでしょう. しかし, この黒い金(石
油)のせいで環境汚染が加速したことは否定できません.

① もし人の温もりがなかったなら
② もし溶鉱炉がなかったら
③ もし技術革新がなかったなら

173 (2) **C - A - D - B**

En France, 67,4% de l'électricité est produite par le nucléaire. Ave
56 réacteurs actifs, la France a le deuxième plus grand nombre d
réacteurs après les États-Unis. Ils sont évidemment à la pointe de la

technologie et sont strictement contrôlés. Cependant, les accidents comme à Fukushima sont imprévisibles. Il est impossible de dire que le risque n'existe pas.

フランスでは, 電力の67.4%が原子力発電によって生産されています. 56基の稼働中の原子炉を有し, フランスはアメリカに次いで2番目に原子炉の数が多い国です. これらは明らかに最先端のテクノロジーであり, 厳しく管理されています. しかしながら, 福島のような事故は予測不能です. リスクが存在しないとは言い切れません.

174 (1) La population totale de la France en 2023 est d'environ 68 millions de personnes. C'est environ (1) **la moitié** de la population du Japon. Cependant, le nombre d'enfants qu'une femme a (2) **au cours de** sa vie est de 1,34 au Japon alors qu'il est de 1,8 en France, et la baisse de la natalité au Japon est (3) **imparable**. Il ne faudra pas longtemps avant que la population du Japon tombe (4) **en dessous de** celle de la France.

2023年のフランスの総人口は約6,800万人. これは日本の人口の約半分に相当します. しかし, 女性が生涯に産む子供の数は日本が1.34人であるのに対し, フランスは1.8人, 日本の出生率低下に歯止めがかかりません. 日本の人口がフランスの人口を下回るのもそう遠くないことでしょう.

(1) 日本の人口との比較, 2分の1が入る. 4分の1や3分の1ではない.
(2) au cours de *qqch* で「～の間に」の意味. なお, < être à court de ＋[無冠詞名詞] >「～が欠乏している」の意味. たとえば être à court d'argent「お金がない」.
(3) 順に imparable＝unstoppable「止められない」(＝inarrêtable), imprécise「不明確な」/ imprévue「予想外の」の意味.
(4) en dessous de *qqch* で「～の下に, ～以下に」, être en mesure de＋inf. で「～できる」, en présence de *qqn/qqch* で「～の面前で, ～に直面して」の意味になる.

175 (2) On dit depuis longtemps au Japon que si les poissons-chats s'agitent et nagent de manière excitée, **sans raison particulière**, un fort tremblement de terre est susceptible de se produire. Les scientifiques étudient toujours la question **pour voir s'il existe un lien entre les deux**.

日本では昔から, ナマズが**特に理由もなく**興奮して泳ぐと強い地震が起こりやすい
言われてきました. 科学者たちは, **この2つの間に関連性があるかどうかを確認する**
めに今も研究を続けています.

(1) avec juste raison 正当な理由があって   plus que la raison 度を超えて
(2) pour clarifier la différence entre les deux   両者の違いを明確にするために
    pour reconnaître l'existence des deux   両者の存在を認め合うために

176 (1) « Le Petit Prince » de l'auteur français Saint-Exupéry a été tradu■
        (1) **dans plus de 300 langues** et s'est vendu à plus de 200 millior
        d'exemplaires (2) **dans le monde entier**. On dit que c'est le livre nor
        religieux le plus traduit au monde. Cependant, l'auteur est décédé (:
        dans un accident d'avion un an après la publication de ce livre. Il n
        pas pu profiter de son grand succès.

        フランスの作家サン=テグジュペリの『星の王子さま』は300以上の言語に翻訳され
        世界中で2億部以上売れました. 世界で最も多く翻訳された非宗教書籍と言われて■
        ます. しかし, 著者はこの本が出版された翌年に飛行機事故で亡くなりました. 彼は■
        らの大成功から益を得ることはできなかったというわけです.

        ＊不要な語句は順に dans la France actuelle「現在のフランスでは」, dans le temp■
          「かつては, 昔は」(＝autrefois, jadis), dans les deux mille euros「およそ2000ユ■
          ロ」の意味になる.

177 (2) 解答 ②-③-①

        La couleur du soleil varie d'un pays à l'autre. Rouge, orange, jaune, or, etc
        ② La raison de cette différence est-elle due à la latitude du pays ?
        ③ Ou est-ce une question de pigment oculaire ethnique ?
        ① Je pense que la culture du pays, en particulier la langue, a une fort
           influence.

        太陽の色は国によって異なります. 赤, オレンジ, 黄色, 金など.
        この違いが生じる理由はその国の緯度によるのでしょうか.

あるいは民族的な目の色素の問題なのでしょうか.
私はその国の文化, 特に言語の影響が大きいと考えています.

＊ここは DELF A レベルでは難しい単語も使っている. DELF B への飛躍もかねて.

DELF A レベルを超える単語

☐ **latitude nf**　「(地球, 天球上の)緯度」(↔ longitude)
☐ **pigment nm**　「色素」
☐ **oculaire adj**　「目の」

◇ 見出し語から導かれる典型的な会話表現

☐ **accepter**
受け入れる, 承諾する

* accepter une invitation
招待を承諾する

☐ **activité**
（特定の）活動, アクティビティ

日常生活や仕事, 趣味, スポーツ, 文化, 教育など問題の小テーマ, 出題文も指す.

* activités périscolaires
課外活動

☐ **annonce**
アナウンス, 発表, 広告

cf. **bande annonce**
映画の予告編

* annonce dans le train
電車内のアナウンス

L'annonce informe sur A.
そのアナウンスは A について知らせています.

d'après l'annonce
発表によると

☐ **annoncer**
知らせる

☐ **apporter**
持ってくる, 持参する

☐ **article**
（設問の）記事, 項目

☐ **assister**
（à に）出席する, 見物する

☐ **associer A à B**
A を B と対応させる, 結びつける

* associer les images aix dialogues
写真と対話文（会話）を結びつける

☐ **avis**
意見, 考え

◇ *à mon avis*
私の考えでは（思うに）

☐ **barrer l'intrus**
間違っているもの（仲間はずれ）を線で消す

☐ **(se) caractériser**
（par によって）特徴づけられる

◇ *Par quoi se caractérise A ?*
A の特徴は何ですか

☐ **cause** 理由	☐ **commentaire** コメント, 注釈
◇ *à cause de ...* (〜の) せいで	* Observez le graphique, lisez le commentaire et répondez aux questions. グラフを見て, 注釈を読み, 質問に答えましょう.
☐ **choisir** 選択する	
* choisir la réponse correcte 正しい答えを選ぶ	☐ **comparer** 比較する
☐ **circonstance** (しばしば複数で) 状況, 事情	☐ **compléter** (表などを) 完成させる, (解答を) 仕上げる
☐ **citer** 引用する, (名前や実例などを) 明らかにする	* Complétez le formulaire suivant. 次の申込紙を仕上げなさい (記入しなさい).
☐ **classer** 分類する	☐ **comporter** 備えている, 含む
☐ **client, cliente** (店などの) 客	☐ **se composer** (複数の要素から) 成る, 構成される
☐ **cocher** (指定欄に) チェックを入れる	☐ **compréhension de l'orale** 聴解
* Cochez les mots que vous avez entendus. 聞こえた単語をチェックしてください.	☐ **compréhension des écrits** 読解
☐ **colonne** (縦の) 欄	☐ **comprendre** 理解する
☐ **commander** 注文する	◇ *Excusez-moi, je n'ai pas bien compris.* すみません, よくわかりません.

☐ **conjuguer**
(動詞を)活用させる

＊ conjuguer les verbes au
conditionnel présent
動詞を条件法現在に活用する

☐ **consigne**
指示, 命令

☐ **constituer**
(文や書類を)作成する

☐ **correspondant(e) à ＋ A**
A に関連した

☐ **corriger**
訂正する

☐ **courriel**
メール

e-mailも使われる.

☐ **courrier**
手紙, (集合的に)郵便物

lettreも使われる.

☐ **croire**
信じる, 思う(＝penser)

◇ *Je croyais que ...*
(〜だと)思っていた

◇ *Je ne crois pas que* ＋[接続法]
(〜とは)思わない

☐ **décrire**
(言葉で)描写する, (詳しく)述べる

☐ **demander**
尋ねる

☐ **se demander**
自問する, 不思議に思う

☐ **se dérouler**
(出来事が)起こる, 展開する

☐ **en détail**
詳細に

☐ **deviner**
見抜く, 当てる

☐ **dialogue**
対話(文) (↔ monologue)

＊ imaginer un dialogue
対話文(会話)を準備する

☐ **dictée**
書取り, ディクテ

＊ écouter et écrire la dictée
聞いて文を書き取る

☐ **disposer de A**
A(時間・写真など)を自由に使う

☐ **distinguer**
区別する, 見分ける

☐ **document**
(リスニング用の)問題文,
録音された文書

☐ **donner une réponse** 解答（返答）を1つ答える	☐ **enregistrement** 録音, 録画
☐ **douter** 疑う	☐ **entendre** 聞く

◇ *Je doute que* ＋[接続法]
（〜を）疑う
	＊ entendre deux fois un
	  document
	  問題文は2度流れます
	  （2度聞きます）

☐ **écoute** （問題文の放送を）聞き取ること, 聴取	☐ **(s')entraîner** 訓練する, トレーニングする
☐ **écouter** 聞く	☐ **épreuve** 試験, テスト

＊ Écoutez l'enregistrement puis
  répondez.
  録音を聞いて答えてください.
	☐ **épreuve blanche**
	模擬試験

☐ **écrire** 書く	☐ **événement, évènement** 出来事, 事件
＊ réécrire 書き直す, 書き換える	「出来事, 事件」の意味で最も広く使われる. 類義の incident は「意外な出来事, ちょっとした事件」, accident は「損害を伴う事故, 災難」を指す.
☐ **éliminer** 除去する, 削除する	
☐ **émission** 放送	☐ **examinateur, examinatrice** 試験官, 面接官

＊ émission radiophonique /
  émission de radio
  ラジオ放送
	＊ L'examinateur joue le rôle du
	  vendeur.
	  面接官は売り手の役を演じます.

☐ **enquête** アンケート	☐ **exemple** 例
	＊ donner des exemples concrets 具体例をあげる

☐ **exercice**
練習問題

「大問」の意味でも使う.

☐ **expérience**
経験, 体験, 実験

☐ **expliquer**
説明する

◇ *Comment expliquez-vous ... ?*
(〜を)どう説明しますか

◇ *Veuillez expliquer que ...*
(〜を)説明してください

◇ *Vous pouvez expliquer ... ?*
(〜を)説明していただけますか

☐ **expression**
表現

☐ **exprimer**
表現する, 表す

☐ **extrait**
抜粋

☐ **faire des phrases**
文を作る

☐ **faux (F)**
(テキストの内容と)違っている

∗ Vrai ou faux ?
(正誤問題)正しいか間違いか.

☐ **fiche**
(資料用の)カード

∗ remplir la fiche
カードに記入する

☐ **fixer**
決める, 定める

∗ fixer (un) rendez-vous à *qqn*
〜と会う日時を決める

☐ **fois**
回数, 度

☐ **formulaire**
申し込み用紙, 調査用紙

☐ **formule**
定型表現

∗ utiliser des formules de politesse
儀礼の決まり文句を使う

☐ **genre**
ジャンル

sujet「テーマ」より広い設問分類用の用語

☐ **identifier**
識別する

☐ **image**
(問題文の)イラスト, 図

☐ **imaginer** 想像する	☐ **instructions orales** 口頭での指示
◇ *Imaginez que* ＋［接続法］ (〜だと)想像してみてください	☐ **interroger** 質問する, (受験者などに)試問する
☐ **important** 重要である	☐ **intervention** (討論などでの)発言
◇ *Il est important de* ＋ *inf.* (〜するのが)重要である	＊ intervenant(e) (討論の)発言者
☐ **impression** 印象	☐ **intrus** 仲間はずれ, 間違っているもの
◇ *J'ai l'impression que ...* (〜のような)気がする	☐ **invitation** 招待状
☐ **indication** 指示	☐ **inviter** 招待する
☐ **information** 情報	☐ **jeu de rôle** ロールプレイ
☐ **s'informer sur A** Aについて情報を得る	☐ **lire** 読む
＊ s'informer de A A について問い合わせる	＊ Lisez la question. 質問を読んでください.
☐ **inscription** 記入, 記載, (学校などへの)登録	lire attentivement la consigne 指示を注意して読む
☐ **inscrire** 記入する, 書き入れる	☐ **message** メッセージ, 文書
＊ s'inscrire 登録する, 参加を申し込む	＊ message informatif お知らせ

message sur le répondeur
留守番電話のメッセージ

mettre les mots dans le bon ordre
単語を正しく並べる
（並べ替えて文を完成させる）

mettre une croix
ばつ印をつける

minute
分

＊ L'épreuve dure de 5 à 7 minutes.
試験時間は5〜7分です.

modèle
例, 手本

＊ selon le modèle
例にならって
（＝selon l'exemple）

mot
単語

＊ 40 mots minimum
40字以上
（文書作成問題の文字制限表記）

mot-clé
キーワード

niveau
レベル

◇ *Au niveau de ...*
（〜の）面で

note
メモ

＊ prendre des notes
メモをとる

noter
書き留める, 印をつける（＝cocher）

numéro
番号

objet
（出題文の中にある）物, 対象物

observer
注視する（よく読む）

＊ observer les images [exemples]
絵・イラスト[例文]を見る

Observez le sujet ci-dessous.
以下のテーマをよく読んでください.

opinion
意見

page
ページ

＊ page sur Internet
インターネットのページ

☐ **panneau** 掲示板, 看板	☐ **procéder par élimination** (不適当なものを)消していく
☐ **pause** (聞き取りの際の)間, ポーズ	☐ **production écrite** 文書作成
☐ **payer** 支払う	☐ **production orale** 口頭表現
☐ **penser** 考える, 思う	☐ **question** 質問
◇ *Que pensez-vous de ... ?* (～について)どう思いますか	* question complémentaire 補足的な質問
◇ *Pensez-vous que* + [接続法] *?* (～だと)思いますか	☐ **raconter** 話をする, 物語る
☐ **poser une question** **[des questions]** 質問する	☐ **rapport** 関係
	◇ *Quel est le rapport entre A et B ?* A と B の関係はどのようなものですか
☐ **possible** あり得る	☐ **se rapporter** (à と)関係がある
◇ *Il est possible que* + [接続法] ～かもしれない(可能性はある)	☐ **recevoir** 受け取る
☐ **préciser** はっきり言う	問題文の設定を説明して, たとえば, Vous recevez cette invitation. 「こんな招待状を受け取りました」と いった言い回し.
☐ **(se) préparer** 準備する	
☐ **se présenter** 自己紹介する	☐ **réclamer** (強く)求める, (当然のこととして)要求する

単語一覧

☐ **recopier**
転記する

copier は「書き写す，複写する」の意味

☐ **refuser**
ことわる，拒否する

☐ **regarder les photos
[images / exemples]**
写真[絵や例文]を見る(読む)

☐ **relever**
指摘する，見つける

☐ **relire**
読み返す，読み直す

☐ **remercier**
礼を言う

☐ **remettre**
(正しく)並べ替える，元通りにする

☐ **remplacer**
置き換える，言い換える

☐ **remplir**
(書類などに)記入する，必要事項を
書き入れる

　* remplir le formulaire
　d'inscription
　登録フォームに記入する

☐ **renseignement**
情報

☐ **renseigner A sur B**
B について A に教える

☐ **repérer**
見つける，目ぼしをつける

　* repérer les mots-clés
　キーワードを見つける

☐ **répéter**
繰り返す

☐ **répondeur téléphonique**
留守番電話

☐ **répondre**
答える，返答する

　* répondre aux questions
　suivantes
　次の質問に答える

◇ *Pouvez-vous répondre à ... ?*
(～に)答えてください

☐ **réponse** 解答，回答

　* choisir la réponse correcte
　正しい答えを選ぶ

☐ **reprendre**
(仕事などを中断後に)
再開する(＝recommencer)

☐ **résumer**
要約する

◇ *Vous pouvez résumer ... ?*
(～を)要約してください

☐ **retrouver** 見つけ出す	☐ **sens** 意味, 方向
＊ Retrouvez l'ordre correct. 並べ替えて正しい文にしましょう （正しい語順を見つけましょう）.	＊ chercher le sens des sigles 略語の意味を調べる
☐ **réunir** 1つにまとめる, 集める	☐ **signifier** 意味する, 表す
	＊ Que signifie ce mot ? この単語はどういう意味ですか.
☐ **saluer** 挨拶する	
☐ **savoir** 知る	☐ **site Internet** インターネットサイト
◇ *Je ne savais pas que ...* （〜は）知りませんでした	☐ **situation** 状況
◇ *Je sais que ...* （〜だと）知っている	＊ situation correspondante 対応する状況（関連する状況） situation proposée （問題として）提示された状況
◇ *Je voudrais en savoir plus sur ...* （〜について）もっと知りたいのですが	☐ **souligner** 下線を引く
☐ **seconde** 秒	☐ **sujet** 主題, テーマ
☐ **sélectionner** 選ぶ	＊ hors sujet 設問（テーマ）から外れた解答
＊ Sélectionnez la réponse qui vous définit le mieux. 自分に当てはまる答えを選んで ください.	

□ **supposer**
仮定する

◇ *Supposez que* + [接続法]
(〜だと) 仮定してみてください

◇ *Supposons que* + [接続法]
(〜だと) 仮定してみましょう

□ **tableau**
表, 一覧表

＊ Observez le tableau et
répondez aux questions.
表を見て質問に答えましょう.

□ **thème**
(議論の) 話題,
(芸術作品などの) 主題

□ **tirer au sort deux sujets**
2つのテーマをカードを引いて決める

□ **traduire**
訳す

＊ traduire en français
フランス語にする (フランス語で
言う)

□ **transformer A à B**
A を B に書き換える

□ **trouver**
(実際に経験して) 思う, 見つける

◇ *Je trouve que ...*
(〜だと) 私は思う

□ **utiliser**
利用する, 使う

□ **vérifier**
(答えや情報などを) 確認する

＊ Vérifiez votre prononciation
à l'aide de l'audio.
音声に続いて発音を確認しましょ

□ **vrai**
(1) 本当の
(2) **(V)** (テキストの内容と) 合ってい

◇ *Est-ce vrai que ... ?*
(〜は) 本当ですか

対義語（反対語）一覧

DELF A から DELF B への道

そこそこ単語力のある方が，DELF B レベルへとステップアップするための助走となるよう作成した「対義語（反対語）一覧」です．個々の単語の意味，名詞の性の別といった情報が必要な方は，ご面倒ですがご自身で辞書などで確認いただきたいと思います．これは，意図したことで，手抜きではありません．

大事なのは，一覧全体に目を通していただき，現在の自分の単語力を自らチェックしていただくことです．最初からこちらで用意した日本語訳と照らし，フランス語を逐一確認するようでは，語彙力の拡充にはつながりにくい．少々面映い言い方ですが，意味のわからない単語があっても，何度か繰り返し，訳語なしで一覧と対峙してみること．これが私からのお願いです．

現在のご自身の単語力によって受け取れる情報に違いはあるものの，一覧を2度3度と眺めれば見えてくる世界があるはずです．最初は気づかなかった個々の品詞の差異（表記の別），接頭辞の有り様，語尾の類似など，単語の声がいろいろと聞こえてくるはずです．どうぞ，その声に触れてください．

（追記）本書刊行後数ヶ月先に上梓予定の『フランス語単語大全』（DELF B1, B2 レベル対応）では，この対義語表のその先に位置する単語力アップのための試みをお届けする予定で現在準備を進めています．

＊動詞の右肩の添えた数字は巻末の動詞活用表の当該番号を表しています．なお，haïr [17]* / interdire [32]* の <*印>は動詞活用表通りでない一部変則の箇所があることを指します．

対義語（反対語）一覧

A

☐ abandonner [7]
  ⇔ ☐ conserver [7] ; garder [7]

☐ absence ⇔ ☐ présence

☐ absent(e) ⇔ ☐ présent(e)

☐ abstrait(e) ⇔ ☐ concret, concrète

☐ accepter [7] ⇔ ☐ refuser [7]

☐ achat ⇔ ☐ vente

☐ acheter [10] ⇔ ☐ vendre [28]

☐ actif, active ⇔ ☐ passif, passive

☐ addition ⇔ ☐ soustraction

☐ adroit(e) ⇔ ☐ gauche ; maladroit(e)

☐ adulte ⇔ ☐ enfant

☐ affirmatif, affirmative
  ⇔ ☐ négatif, négative

☐ affirmer [7] ⇔ ☐ nier [7]

☐ agréable ⇔ ☐ désagréable

☐ aimer [7] ⇔ ☐ haïr [17]* ; détester [7]

☐ aller [16] ⇔ ☐ venir [21]

☐ allumer [7] ⇔ ☐ éteindre [30]

☐ amateur ⇔ ☐ professionnel,
             professionnelle

☐ amer, amère ⇔ ☐ doux, douce

☐ amical(e) ⇔ ☐ hostile

☐ amusant(e)
  ⇔ ☐ ennuyeux, ennuyeuse

☐ anormal(e) ⇔ ☐ normal(e)

☐ apéritif ⇔ ☐ digestif

☐ apparaître [43] ⇔ ☐ dispparaître [43]

☐ apporter [7] ⇔ ☐ emporter [7]

☐ approcher [7] ⇔ ☐ éloigner [7]

☐ approuver [7] ⇔ ☐ contester [7]

☐ arrivée ⇔ ☐ départ

☐ arriver [7] ⇔ ☐ partir [18]

☐ attacher [7] ⇔ ☐ détacher [7]

☐ attaquer [7] ⇔ ☐ défendre [28]

☐ atterrir [17] ⇔ ☐ décoller [7]

☐ augmenter [7] ⇔ ☐ diminuer [7]

☐ autrefois ⇔ ☐ aujourd'hui

☐ avance ⇔ ☐ recul

☐ avancer [8] ⇔ ☐ reculer [7]

☐ avant ⇔ ☐ après

☐ avare ⇔ ☐ généreux, généreuse

☐ avenir ⇔ ☐ passé

B

☐ baisse ⇔ ☐ montée

baisser [7] ⇔ ☐ lever [10] ; monter [7]

bas, basse ⇔ ☐ †haut (e)

beau(bel), belle ⇔ ☐ laid(e)

beau-fils ⇔ ☐ belle-fille

beau-père ⇔ ☐ belle-mère

bien ⇔ ☐ mal

blanc, blanche ⇔ ☐ noir(e)

bon, bonne ⇔ ☐ mauvais(e)

bonheur ⇔ ☐ malheur

bonsoir ⇔ ☐ bonjour

boucher [7] ⇔ ☐ déboucher [7]

bref, brève ⇔ ☐ long, longue

cadet, cadette ⇔ ☐ aîné(e)

calm ⇔ ☐ bruyant(e)

campagne ⇔ ☐ ville

capable ⇔ ☐ incapable

cause ⇔ ☐ résultat ; conséquence

célibataire ⇔ ☐ marié(e)

certain(e) ⇔ ☐ incertain(e)

cesser [7] ⇔ ☐ continuer [7]

chaleur ⇔ ☐ froid

☐ chance ⇔ ☐ malchance

☐ chaud(e) ⇔ ☐ froid(e)

☐ chauffer [7] ⇔ ☐ refroidir [17]

☐ cher, chère ⇔ ☐ bon marché

☐ civil(e) ⇔ ☐ militaire

☐ clair(e) ⇔ ☐ obscur(e)

☐ coller [7] ⇔ ☐ décoller [7]

☐ commencement ⇔ ☐ fin

☐ commencer [8] ⇔ ☐ finir [17]

☐ complet, complète ⇔ ☐ vide

☐ compliqué(e) ⇔ ☐ simple

☐ concret, concrète ⇔ ☐ abstrait(e)

☐ confiance ⇔ ☐ méfiance

☐ conscience ⇔ ☐ inconscience

☐ conscient(e) ⇔ ☐ inconscient(e)

☐ consentir [19] ⇔ ☐ refuser [7]

☐ conservateur, conservatrice
    ⇔ ☐ innovateur, innovatrice ;
        progressiste

☐ consommation ⇔ ☐ production

☐ consommer [7] ⇔ ☐ produire [35]

☐ consonne ⇔ ☐ voyelle

☐ construction ⇔ ☐ destruction

☐ construire [35] ⇔ ☐ détruire [35]

対義語（反対語）一覧

☐ content(e) ⇔ ☐ mécontent(e)

☐ contester [7] ⇔ ☐ approuver [7]

☐ contre ⇔ ☐ pour

☐ correct(e) ⇔ ☐ incorrect(e)

☐ (se) coucher [7] ⇔ ☐ (se) lever [10]

☐ coupable ⇔ ☐ innocent(e)

☐ courage ⇔ ☐ découragement

☐ courant(e) ⇔ ☐ rare

☐ court(e) ⇔ ☐ long, longue

☐ cru(e) ⇔ ☐ cuit(e)

D

☐ dangereux, dangereuse ⇔ ☐ sûr(e)

☐ déboucher [7] ⇔ ☐ boucher [7]

☐ début ⇔ ☐ fin

☐ déception ⇔ ☐ satisfaction

☐ décevoir [52] ⇔ ☐ satisfaire [31]

☐ décharger [9] ⇔ ☐ charger [9]

☐ décoller [7] ⇔ ☐ coller [7]

☐ décourager [9] ⇔ ☐ encourager [9]

☐ dedans ⇔ ☐ dehors

☐ défendre [28] ⇔ ☐ permettre [47]

☐ défense ⇔ ☐ attaque

☐ définitif, définitive ⇔ ☐ provisoire

☐ départ ⇔ ☐ arrivée

☐ dépense ⇔ ☐ recette

☐ déplaire [36] ⇔ ☐ plaire [36]

☐ dernier, dernière
  ⇔ ☐ premier, première

☐ derrière ⇔ ☐ devant

☐ désagréable ⇔ ☐ agréable

☐ descente ⇔ ☐ montée

☐ désespérer [12] ⇔ ☐ espérer [12]

☐ désespoir ⇔ ☐ espoir

☐ déshabiller [7] ⇔ ☐ habiller [7]

☐ désordre ⇔ ☐ ordre

☐ dessous ⇔ ☐ dessus

☐ détacher [7] ⇔ ☐ attacher [7]

☐ détester [7] ⇔ ☐ adorer [7] ; aimer [7]

☐ diable ⇔ ☐ ange

☐ difficile ⇔ ☐ facile

☐ difficilement ⇔ ☐ facilement

☐ digestif ⇔ ☐ apéritif

☐ diminuer [7] ⇔ ☐ augmenter [7]

☐ direct(e) ⇔ ☐ indirect(e)

☐ disparaître [43] ⇔ ☐ apparaître [43]

dissimuler ⑦ ⇔ □ montrer ⑦

diviser ⇔ □ multiplier

division ⇔ □ multiplication

divorcer ⑧ ⇔ □ se marier ⑦

domestique ⇔ □ sauvage

donner ⑦ ⇔ □ recevoir ㊷

doux, douce ⇔ □ dur(e) ; sévère

droit ⇔ □ gauche

droit(e) ⇔ □ courbé(e)

droit(e) ⇔ □ gauche

dur(e) ⇔ □ tendre

échec ⇔ □ réussite ; succès

échouer ⑦ ⇔ □ réussir ⑰

économie ⇔ □ gaspillage

économiser ⑦ ⇔ □ gaspiller ⑦

effet ⇔ □ cause

égalité ⇔ □ inégalité

élégant(e) ⇔ □ vulgaire

éloigner ⑦ ⇔ □ rapprocher ⑦

embarquer ⑦ ⇔ □ débarquer ⑦

emmener ⑧ ⇔ □ amener ⑧

□ employer ⑬ ⇔ □ licencier ⑦

□ emporter ⑦ ⇔ □ apporter ⑦

□ encore ⇔ □ déjà

□ encourager ⑨ ⇔ □ décourager ⑦

□ enlever ⑪ ⇔ □ mettre ㊼

□ entrer ⑦ ⇔ □ sortir ⑱

□ (s')envoler ⑦ ⇔ □ (se) poser ⑦

□ époux ⇔ □ épouse

□ espoir ⇔ □ désespoir

□ éteindre ㉚ ⇔ □ allumer ⑦

□ étroit(e) ⇔ □ large

□ exact(e)
    ⇔ □ inexact(e) ; faux, fausse

□ excessif, excessive ⇔ □ raisonnable

□ expirer ⑦ ⇔ □ inspirer ⑦

□ exporter ⑦ ⇔ □ importer ⑦

□ extérieur(e) ⇔ □ intérieur(e)

□ extraordinaire ⇔ □ ordinaire

F

□ façade ⇔ □ arrière

□ faible ⇔ □ fort(e) ; robuste

□ faux, fausse ⇔ □ exact(e) ; vrai(e)

☐ femelle ⇔ ☐ mâle

☐ féminin(e) ⇔ ☐ masculin(e)

☐ femme ⇔ ☐ homme

☐ fermer ⑦ ⇔ ☐ ouvrir ㉓

☐ fermeture ⇔ ☐ ouverture

☐ fin ⇔ ☐ début

☐ fin(e) ⇔ ☐ épais, épaisse

☐ finir ⑰ ⇔ ☐ commencer ⑧

☐ foncé(e) ⇔ ☐ clair(e)

☐ fragile ⇔ ☐ solide

☐ freiner ⑦ ⇔ ☐ accélérer ⑫

☐ frère ⇔ ☐ sœur

☐ froid(e) ⇔ ☐ chaud(e)

☐ futur ⇔ ☐ présent / passé

☐ futur(e) ⇔ ☐ présent(e) / passé(e)

G

☐ gai(e) ⇔ ☐ triste

☐ garçon ⇔ ☐ fille

☐ gauche ⇔ ☐ droit(e)

☐ gauche ⇔ ☐ droite

☐ général(e)
    ⇔ ☐ particulier, particulière

☐ grand(e) ⇔ ☐ petit(e)

☐ grand-mère ⇔ ☐ grand-père

☐ gras, grasse ⇔ ☐ maigre

☐ gratuit(e) ⇔ ☐ payant(e)

☐ gros, grosse ⇔ ☐ maigre

☐ grossir ⑰ ⇔ ☐ maigrir ⑰

☐ guerre ⇔ ☐ paix

H

☐ habile ⇔ ☐ gauche, maladroit(e)

☐ †hardi(e) ⇔ ☐ timide

☐ †hâter ⑦ ⇔ ☐ ralentir ⑰ ; retarder ☐

☐ †hausse ⇔ ☐ baisse

☐ †haut(e) ⇔ ☐ bas, basse

☐ hésiter ⑦ ⇔ ☐ se décider ⑦

☐ heureusement ⇔ ☐ malheureusemen

☐ heureux, heureuse
    ⇔ ☐ malheureux, malheureuse

☐ homme ⇔ ☐ animal

☐ homme ⇔ ☐ femme

☐ honnête ⇔ ☐ malhonnête

☐ honnêteté ⇔ ☐ malhonnêteté

☐ horizontal(e) ⇔ ☐ vertical(e)

hostile ⇔ ☐ amical(e)	☐ inconscient(e) ⇔ ☐ conscient(e)
hostilité ⇔ ☐ amitié	☐ incontestable ⇔ ☐ contestable
humide ⇔ ☐ sec, sèche	☐ indéfini(e) ⇔ ☐ défini(e)
humidité ⇔ ☐ sècheresse	☐ indirect(e) ⇔ ☐ direct(e)
	☐ indiscret, indiscrète ⇔ ☐ discret, discrète
ici ⇔ ☐ là	☐ indulgent(e) ⇔ ☐ sévère
identique ⇔ ☐ différent(e)	☐ inférieur(e) ⇔ ☐ supérieur(e)
idiot(e) ⇔ ☐ intelligent(e)	☐ infériorité ⇔ ☐ supériorité
ignorer 7 ⇔ ☐ savoir 56	☐ infini(e) ⇔ ☐ fini(e)
immigré(e) ⇔ ☐ emmigré(e)	☐ injuste ⇔ ☐ juste
impair(e) ⇔ ☐ pair(e)	☐ injustice ⇔ ☐ justice
imparfait(e) ⇔ ☐ parfait(e)	☐ inquiéter 12 ⇔ ☐ apaiser 7 ; calmer 7
impatient(e) ⇔ ☐ patient(e)	☐ insuffisant(e) ⇔ ☐ suffisant(e)
impersonnel, impersonnelle ⇔ ☐ personnel, personnelle	☐ intelligent(e) ⇔ ☐ bête
importation ⇔ ☐ exportation	☐ interdire 32* ⇔ ☐ permettre 47
importer 7 ⇔ ☐ exporter 7	☐ intéressant(e) ⇔ ☐ ennuyeux, ennuyeuse
impossible ⇔ ☐ possible	☐ intéresser 7 ⇔ ☐ ennuyer 13
imprudent(e) ⇔ ☐ prudent(e)	☐ intérieur(e) ⇔ ☐ extérieur(e)
incapable ⇔ ☐ capable	☐ international(e) ⇔ ☐ national(e)
incertain(e) ⇔ ☐ certain(e)	☐ intransitif, intransitive ⇔ ☐ transitif, transitive
inconnu(e) ⇔ ☐ connu(e)	☐ inutile ⇔ ☐ utile

対義語（反対語）一覧

☐ invisible ⇔ ☐ visible

☐ irrégulier, irrégulière
　⇔ ☐ régulier, régulière

J

☐ jeune ⇔ ☐ vieux (vieil), vieille

☐ jeunesse ⇔ ☐ vieillesse

☐ joli(e) ⇔ ☐ laid(e)

☐ jour ⇔ ☐ soir, nuit

☐ journée ⇔ ☐ soirée

☐ justice ⇔ ☐ injustice

L

☐ lâche
　⇔ ☐ brave ; courageux, courageuse

☐ lâcher [7] ⇔ ☐ tenir [20]

☐ là-dessous ⇔ ☐ là-dessus

☐ là-haut ⇔ ☐ en bas

☐ laid(e) ⇔ ☐ beau(bel), belle ; joli(e)

☐ large ⇔ ☐ étroit(e)

☐ léger, légère ⇔ ☐ fort(e)

☐ lent(e) ⇔ ☐ rapide

☐ lever [10] ⇔ ☐ baisser [7]

☐ lever [10] ⇔ ☐ ouvrir [23]

☐ se lever [10] ⇔ ☐ s'asseoir [60]

☐ se lever [10] ⇔ ☐ se coucher [7]

☐ libre ⇔ ☐ pris(e)

☐ lier [7] ⇔ ☐ détacher [7]

☐ liquide ⇔ ☐ épais, épaisse

☐ loin ⇔ ☐ près

☐ lointaine(e) ⇔ ☐ proche

☐ long, longue ⇔ ☐ court(e)

☐ longueur ⇔ ☐ largeur

☐ lourd(e) ⇔ ☐ léger, légère

M

☐ magnifique ⇔ ☐ affreux, affreuse

☐ maigre
　⇔ ☐ gros, grosse ; gras, grasse

☐ maigrir [17] ⇔ ☐ grossir [17]

☐ majeur(e) ⇔ ☐ mineur(e)

☐ majorité ⇔ ☐ minorité

☐ majorité ⇔ ☐ opposition

☐ mal ⇔ ☐ bien

☐ maladie ⇔ ☐ santé

☐ maladroit(e) ⇔ ☐ adroit(e)

□ mâle ⇔ □ femelle

□ malheur ⇔ □ bonheur

□ malheureusement
⇔ □ heureusement

□ malheureux, malheureuse
⇔ □ heureux, heureuse

□ maman ⇔ □ papa

□ manuel, manuelle
⇔ □ intellectuel, intellectuelle

□ mari ⇔ □ femme

□ marié(e) ⇔ □ célibataire

□ masculin(e) ⇔ □ féminin(e)

□ maternel, maternelle
⇔ □ paternel, paternelle

□ mauvais, mauvaise
⇔ □ bon, bonne

□ maximum ⇔ □ minimum

□ mécontent(e)
⇔ □ content(e) ; satisfait(e)

□ médiocre ⇔ □ bon, bonne

□ mépris ⇔ □ respect

□ mépriser 7
⇔ □ estimer 7 ; respecter 7

□ mère ⇔ □ père

□ midi ⇔ □ minuit

□ mignon, mignonne ⇔ □ laid(e)

□ mince ⇔ □ gros, grosse

□ mince ⇔ □ épais, épaisse

□ mineur(e) ⇔ □ majeur(e)

□ minimum ⇔ □ maximum

□ minorité ⇔ □ majorité

□ minuit ⇔ □ midi

□ moche ⇔ □ beau(bel), belle

□ moins ⇔ □ plus

□ montée ⇔ □ descente

□ monter 7 ⇔ □ descendre 28

□ moral(e) ⇔ □ immoral(e)

□ mort ⇔ □ naissance

□ mou(mol), molle
⇔ □ dur(e) ; ferme

□ mouillé(e) ⇔ □ sec, sèche

□ mourir 25 ⇔ □ naître 44

N

□ naître 44 ⇔ □ mourir 25

□ national(e) ⇔ □ international(e)

□ naturel, naturelle
⇔ □ artificiel, artificielle

☐ **négatif, négative**
  ⇔ ☐ **affirmatif, affirmative ;**
    positif, positive

☐ **neuf, neuve**
  ⇔ ☐ **vieux (vieil), vieille ; d'occasion**

☐ **nier** [7] ⇔ ☐ **affirmer** [7]

☐ **noir(e)** ⇔ ☐ **blanc, blanche**

☐ **nom** ⇔ ☐ **prénom**

☐ **non** ⇔ ☐ **oui ; si**

☐ **nouveau (nouvel), nouvelle**
  ⇔ ☐ **ancien, ancienne ;**
    vieux (vieil), vieille

O

☐ **obéir** [17] ⇔ ☐ **désobéir** [17]

☐ **objectif, objective**
  ⇔ ☐ **subjectif, subjetive**

☐ **obscur(e)** ⇔ ☐ **clair(e)**

☐ **occidental(e)** ⇔ ☐ **oriental (e)**

☐ **occupé(e)** ⇔ ☐ **libre**

☐ **officiel, officielle**
  ⇔ ☐ **officieux, officieuse**

☐ **(s')opposer** [7] ⇔ ☐ **permettre** [47]

☐ **opposition** ⇔ ☐ **majorité**

☐ **optimiste** ⇔ ☐ **pessimiste**

☐ **oral** ⇔ ☐ **écrit**

☐ **oral(e)** ⇔ ☐ **écrit(e)**

☐ **orgueilleux, orgueilleuse**
  ⇔ ☐ **modeste**

☐ **Orient** ⇔ ☐ **Occident**

☐ **oriental(e)** ⇔ ☐ **occidental(e)**

☐ **oublier** [7]
  ⇔ ☐ **se rappeler** [11] **; se souvenir** [21]

☐ **ouvert(e)** ⇔ ☐ **fermé(e)**

☐ **ouvrir** [23] ⇔ ☐ **fermer** [7]

P

☐ **pair(e)** ⇔ ☐ **impair(e)**

☐ **paix** ⇔ ☐ **guerre**

☐ **pâle** ⇔ ☐ **foncé(e) ; vif, vive**

☐ **pâlir** [17] ⇔ ☐ **rougir** [17]

☐ **papa** ⇔ ☐ **maman**

☐ **paraître** [43] ⇔ ☐ **disparaître** [43]

☐ **paresseux, paresseuse**
  ⇔ ☐ **sérieux, sérieuse**

☐ **parfait(e)** ⇔ ☐ **mauvais(e)**

☐ **particulier, particulière**
  ⇔ ☐ **général, générale**

☐ **partir** [18] ⇔ ☐ **arriver** [7]

] passif, passive ⇔ ☐ actif, active

] paternel, paternelle
☐ ⇔ ☐ maternel, maternelle

] pauvre ⇔ ☐ riche

] pauvreté ⇔ ☐ richesse

] payant(e) ⇔ ☐ graduit(e)

] peine ⇔ ☐ joie

] pénible ⇔ ☐ facile

] perdre [28]
⇔ ☐ trouver [7] ; retrouver [7]

] perdre [28] ⇔ ☐ gagner [7]

] perdu(e) ⇔ ☐ trouvé(e)

] permettre [47]
⇔ ☐ défendre [28] ; interdire [32]*

] personnel, personnelle
⇔ ☐ commun(e)

] pessimiste ⇔ ☐ optimiste

] petit(e) ⇔ ☐ grand(e)

] petite-fille ⇔ ☐ petit-fils

] peu ⇔ ☐ beaucoup

] peuple ⇔ ☐ bourgeoisie

] physique ⇔ ☐ moral(e)

] pile ⇔ ☐ face

] pire ⇔ ☐ meilleur

☐ pis ⇔ ☐ mieux

☐ tant pis ⇔ ☐ tant mieux

☐ plaisir ⇔ ☐ tristesse

☐ plein(e) ⇔ ☐ vide

☐ pluriel ⇔ ☐ singulier

☐ plus ⇔ ☐ moins

☐ poli(e) ⇔ ☐ impoli(e)

☐ positif, positive
⇔ ☐ négatif, négative

☐ possibilité ⇔ ☐ impossibilité

☐ possible ⇔ ☐ impossible

☐ pour ⇔ ☐ contre

☐ poursuivre [38] ⇔ ☐ abandonner [7]

☐ pousser [7] ⇔ ☐ tirer [7]

☐ précédent(e) ⇔ ☐ suivant(e)

☐ précéder [12] ⇔ ☐ suivre [38]

☐ précis(e) ⇔ ☐ imprécis(e) ; vague

☐ prénon ⇔ ☐ nom

☐ près ⇔ ☐ loin

☐ présence ⇔ ☐ absence

☐ présent(e) ⇔ ☐ absent(e)

☐ prêter [7] ⇔ ☐ emprunter [7]

☐ prince ⇔ ☐ princesse

□ pris(e) ⇔ □ libre

□ privé(e) ⇔ □ public, publique

□ prochain(e) ⇔ □ dernier, dernière

□ producteur, productrice
  ⇔ □ consommateur, consommatrice

□ production ⇔ □ consommation

□ produire [35] ⇔ □ consommer [7]

□ professionnel, professionnelle
  ⇔ □ amateur, amatrice

□ profit ⇔ □ perte

□ profond(e) ⇔ □ peu profond(e)

□ prolonger [9] ⇔ □ raccourcir [17]

□ propre ⇔ □ sale

□ protester [7] ⇔ □ approuver [7]

□ prudent(e) ⇔ □ imprudent(e)

□ public, publique ⇔ □ privé(e)

□ punition ⇔ □ crime

□ purifier [7] ⇔ □ polluer [7]

Q

□ qualité ⇔ □ quantité

□ (se) quereller [7] ⇔ □ (se) disputer [7]

□ queue ⇔ □ tête

R

□ raccourcir [17] ⇔ □ prolonger [9]

□ raide ⇔ □ souple

□ ralentir [17] ⇔ □ accélérer [12]

□ rapide ⇔ □ lent(e)

□ rapprocher [7] ⇔ □ éloigner [7]

□ rare ⇔ □ courant(e) ; fréquent(e)

□ réaliste ⇔ □ idéaliste

□ récent(e) ⇔ □ ancien, ancienne

□ recette ⇔ □ dépense

□ reconnaître [43] ⇔ □ nier [7]

□ reculer [7] ⇔ □ avancer [8]

□ réduction ⇔ □ augmentation

□ réduire [35] ⇔ □ augmenter [7]

□ réel, réelle ⇔ □ imaginaire

□ refroidir [17] ⇔ □ réchauffer [7]

□ refus ⇔ □ acceptation

□ refuser [7] ⇔ □ accepter [7]

□ reine ⇔ □ roi

□ rejeter [11] ⇔ □ admettre [47]

□ relatif, relative ⇔ □ absolu(e)

□ relever [10] ⇔ □ abaisser [7]

□ remplir [17] ⇔ □ vider [7]

] répondre [28] ⇔ [ ] interroger [9]

] réponse ⇔ [ ] question

] respect ⇔ [ ] mépris

] respecter [7] ⇔ [ ] mépriser [7]

] respirer [7] ⇔ [ ] souffler [7]

] ressemblance ⇔ [ ] différence

] résultat ⇔ [ ] cause

] retard ⇔ [ ] avance

] retarder [7] ⇔ [ ] avancer [8]

] réussite ⇔ [ ] échoué

] (se) réveiller [7] ⇔ [ ] (s')endormir [18]

] révéler [12] ⇔ [ ] cacher [7]

] revenu ⇔ [ ] dépense

] riche ⇔ [ ] pauvre

] rire [48] ⇔ [ ] pleurer [7]

] rougir [17] ⇔ [ ] pâlir [17]

] rural(e) ⇔ [ ] urbain(e)

] sain(e) ⇔ [ ] malade

] sage ⇔ [ ] fou (fol), folle

] sans ⇔ [ ] avec

] santé ⇔ [ ] maladie

[ ] satisfaction ⇔ [ ] déception

[ ] satisfaire [31] ⇔ [ ] décevoir [52]

[ ] sauvage ⇔ [ ] domestique

[ ] savoir [56] ⇔ [ ] ignorer [7]

[ ] sec, sèche ⇔ [ ] humide ; mouillé(e)

[ ] sécurité ⇔ [ ] danger

[ ] semblable ⇔ [ ] différent(e)

[ ] sensation ⇔ [ ] sentiment

[ ] séparément ⇔ [ ] ensemble

[ ] sérieux, sérieuse ⇔ [ ] frivole

[ ] silence ⇔ [ ] éloquence

[ ] simple ⇔ [ ] compliqué(e)

[ ] singulier ⇔ [ ] pluriel

[ ] sœur ⇔ [ ] frère

[ ] soigner [7] ⇔ [ ] négliger [9]

[ ] soirée ⇔ [ ] matinée

[ ] solidarité ⇔ [ ] isolement, solitude

[ ] solide ⇔ [ ] fragile

[ ] sombre ⇔ [ ] clair(e)

[ ] sortie ⇔ [ ] entrée

[ ] sortir [18] ⇔ [ ] entrer [7]

[ ] souple ⇔ [ ] raide

[ ] sous ⇔ [ ] sur

対義語（反対語）一覧

☐ soustraction ⇔ ☐ addition

☐ (se) souvenir 21 ⇔ ☐ oublier 7

☐ spécial(e)
　⇔ ☐ général(e) ; ordinaire

☐ spirituel, spirituelle
　⇔ ☐ corporel, corporelle ; physique

☐ stupide ⇔ ☐ intelligent(e)

☐ subjectif, subjective
　⇔ ☐ objectif, objective

☐ succès ⇔ ☐ échec

☐ sucre ⇔ ☐ sel

☐ sucré(e) ⇔ ☐ salé(e)

☐ sucrer 7 ⇔ ☐ saler 7

☐ sud ⇔ ☐ nord

☐ suffisant(e) ⇔ ☐ insuffisant(e)

☐ suivant(e) ⇔ ☐ précédent(e)

☐ suivre 38 ⇔ ☐ précéder 12

☐ supérieur(e) ⇔ ☐ inférieur(e)

☐ sur ⇔ ☐ sous

☐ sympathie ⇔ ☐ antipathie

☐ sympathique ⇔ ☐ antipathique

T

☐ tante ⇔ ☐ oncle

☐ tard ⇔ ☐ tôt

☐ taureau ⇔ ☐ vache

☐ tendre ⇔ ☐ dur(e)

☐ tendresse ⇔ ☐ dégoût

☐ terminer 7 ⇔ ☐ commencer 8

☐ timide ⇔ ☐ hardi(e)

☐ tirer 7 ⇔ ☐ pousser 7

☐ tolérer 10 ⇔ ☐ interdire 32 *

☐ (avoir) tort ⇔ ☐ (avoir) raison

☐ tôt ⇔ ☐ tard

☐ traîner 7 ⇔ ☐ pousser 7

☐ tranquille ⇔ ☐ inquiet, inquiète

☐ transitif, transitive
　⇔ ☐ intransitif, intransitive

☐ tristesse ⇔ ☐ plaisir ; joie

☐ trouver 7 ⇔ ☐ perdre 28

☐ tutoyer 13 ⇔ ☐ vouvoyer 13

U

☐ unir 17 ⇔ ☐ séparer 7

☐ urbain(e) ⇔ ☐ rural(e)

] vache ⇔ ☐ taureau

] vague ⇔ ☐ précis(e)

] vain(e) ⇔ ☐ efficace

] vainqueur ⇔ ☐ vaincu(e)

] variable ⇔ ☐ constant(e)

] la veille ⇔ ☐ le lendemain

] vendre [28] ⇔ ☐ acheter [10]

] venir [21] ⇔ ☐ aller [16]

] vente ⇔ ☐ achat

] véritable ⇔ ☐ faux, fausse

] vérité ⇔ ☐ mensonge

] vertical(e) ⇔ ☐ horizontal(e)

] vertu ⇔ ☐ vice

] vêtement ⇔ ☐ sous-vêtement

] vide ⇔ ☐ plein(e)

] vide ⇔ ☐ complet, complète

] vider [7] ⇔ ☐ remplir [17]

] vie ⇔ ☐ mort

] vieillesse ⇔ ☐ jeunesse

] vieux (vieil), vieille ⇔ ☐ jeune

] vieux (vieil), vieille
  ⇔ ☐ neuf, neuve ;
      nouveau (nouvel), nouvelle

☐ ville ⇔ ☐ village ; campagne

☐ violent(e) ⇔ ☐ léger, légère

☐ visible ⇔ ☐ invisible

☐ vite ⇔ ☐ lentement

☐ vivant(e) ⇔ ☐ mort(e)

☐ vote ⇔ ☐ abstention

☐ voter [7] ⇔ ☐ (s')abstenir [21]

☐ voyelle ⇔ ☐ consonne

☐ vrai(e) ⇔ ☐ faux, fausse

☐ vraisemblable ⇔ ☐ invraisemblable

☐ vulgaire ⇔ ☐ élégant(e)

動詞活用表

◇ 活用表中，現在分詞と過去分詞はイタリック体，
また書体の違う活用は，とくに注意すること．

accueillir	22	écrire	40	pleuvoir	
acheter	10	émouvoir	55	pouvoir	
acquérir	26	employer	13	préférer	
aimer	7	envoyer	15	prendre	
aller	16	être	2	recevoir	
appeler	11	être aimé(e)(s)	5	rendre	
(s')asseoir	60	être allé(e)(s)	4	résoudre	
avoir	1	faire	31	rire	
avoir aimé	3	falloir	62	rompre	
battre	46	finir	17	savoir	
boire	41	fuir	27	sentir	
commencer	8	(se) lever	6	suffire	
conclure	49	lire	33	suivre	
conduire	35	manger	9	tenir	
connaître	43	mettre	47	vaincre	
coudre	37	mourir	25	valoir	
courir	24	naître	44	venir	
craindre	30	ouvrir	23	vivre	
croire	45	partir	18	voir	
devoir	53	payer	14	vouloir	
dire	32	plaire	36		

単純時称の作り方

不定法		直説法現在		接続法現在		直説法半過去	
er [e]	je (j')	—e [無音]	—s [無音]	—e [無音]		—ais [ɛ]	
ir [ir]	tu	—es [無音]	—s [無音]	—es [無音]		—ais [ɛ]	
re [r]	il	—e [無音]	—t [無音]	—e [無音]		—ait [ɛ]	
oir [war]	nous	—ons [ɔ̃]		—ions [jɔ̃]		—ions [jɔ̃]	
現在分詞	vous	—ez [e]		—iez [je]		—iez [je]	
—ant [ɑ̃]	ils	—ent [無音]		—ent [無音]		—aient [ɛ]	

	直説法単純未来		条件法現在	
je (j')	—rai	[re]	—rais	[rɛ]
tu	—ras	[rɑ]	—rais	[rɛ]
il	—ra	[ra]	—rait	[rɛ]
nous	—rons	[rɔ̃]	—rions	[rjɔ̃]
vous	—rez	[re]	—riez	[rje]
ils	—ront	[rɔ̃]	—raient	[rɛ]

	直 説 法 単 純 過 去					
je	—ai [e]	—is [i]	—us [y]
tu	—as [ɑ]	—is [i]	—us [y]
il	—a [a]	—it [i]	—ut [y]
nous	—âmes [am]	—îmes [im]	—ûmes [ym]
vous	—âtes [at]	—îtes [it]	—ûtes [yt]
ils	—èrent [ɛr]	—irent [ir]	—urent [yr]

過去分詞	—é [e], —i [i], —u [y], —s [無音], —t [無音]

直説法現在の単数形は，第一群動詞では—e, —es, —e ；他の動詞ではほとんど—s, —s, —t.

直説法現在と**接続法現在**では，nous, vous の語幹が，他の人称の語幹と異なること（母音交替）がある.

命令法は，直説法現在の tu, nous, vous をとった形.（ただし—es → e　vas → va）

接続法現在は，多く直説法現在の３人称複数形から作られる．ils partent → je parte.

直説法半過去と**現在分詞**は，直説法現在の１人称複数形から作られる.

直説法単純未来と**条件法現在**は多く不定法から作られる. aimer → j'aimerai, finir → je finirai, rendre → je rendrai（-oir 型の語幹は不規則）.

1. avoir | | | 直 説 法

	現 在		半 過 去		単 純 過 去	
現在分詞	j'	ai	j'	avais	j'	eus [y]
ayant	tu	as	tu	avais	tu	eus
	il	a	il	avait	il	eut
過去分詞	nous	avons	nous	avions	nous	eûmes
eu [y]	vous	avez	vous	aviez	vous	eûtes
	ils	ont	ils	avaient	ils	eurent

命 令 法	複 合 過 去		大 過 去		前 過 去	
	j'	ai eu	j'	avais eu	j'	eus eu
aie	tu	as eu	tu	avais eu	tu	eus eu
	il	a eu	il	avait eu	il	eut eu
ayons	nous	avons eu	nous	avions eu	nous	eûmes eu
ayez	vous	avez eu	vous	aviez eu	vous	eûtes eu
	ils	ont eu	ils	avaient eu	ils	eurent eu

2. être | | | 直 説 法

	現 在		半 過 去		単 純 過 去	
現在分詞	je	suis	j'	étais	je	fus
étant	tu	es	tu	étais	tu	fus
	il	est	il	était	il	fut
過去分詞	nous	sommes	nous	étions	nous	fûmes
été	vous	êtes	vous	étiez	vous	fûtes
	ils	sont	ils	étaient	ils	furent

命 令 法	複 合 過 去		大 過 去		前 過 去	
	j'	ai été	j'	avais été	j'	eus été
sois	tu	as été	tu	avais été	tu	eus été
	il	a été	il	avait été	il	eut été
soyons	nous	avons été	nous	avions été	nous	eûmes été
soyez	vous	avez été	vous	aviez été	vous	eûtes été
	ils	ont été	ils	avaient été	ils	eurent été

3. avoir aimé | | | 直 説 法

[複合時称]

	複 合 過 去		大 過 去		前 過 去	
分詞複合形	j'	ai aimé	j'	avais aimé	j'	eus aimé
ayant aimé	tu	as aimé	tu	avais aimé	tu	eus aimé
	il	a aimé	il	avait aimé	il	eut aimé
命 令 法	elle	a aimé	elle	avait aimé	elle	eut aimé
aie aimé	nous	avons aimé	nous	avions aimé	nous	eûmes aimé
ayons aimé	vous	avez aimé	vous	aviez aimé	vous	eûtes aimé
ayez aimé	ils	ont aimé	ils	avaient aimé	ils	eurent aimé
	elles	ont aimé	elles	avaient aimé	elles	eurent aimé

4. être allé(e)(s) | | | 直 説 法

[複合時称]

	複 合 過 去		大 過 去		前 過 去	
分詞複合形	je	suis allé(e)	j'	étais allé(e)	je	fus allé(e)
étant allé(e)(s)	tu	es allé(e)	tu	étais allé(e)	tu	fus allé(e)
	il	est allé	il	était allé	il	fut allé
命 令 法	elle	est allée	elle	était allée	elle	fut allée
sois allé(e)	nous	sommes allé(e)s	nous	étions allé(e)s	nous	fûmes allé(e)s
soyons allé(e)s	vous	êtes allé(e)(s)	vous	étiez allé(e)(s)	vous	fûtes allé(e)(s)
soyez allé(e)(s)	ils	sont allés	ils	étaient allés	ils	furent allés
	elles	sont allées	elles	étaient allées	elles	furent allées

avoir

単純未来		条件法 現在		接続法 現在		接続法 半過去	
aurai		j'	aurais	j'	aie	j'	eusse
auras		tu	aurais	tu	aies	tu	eusses
aura		il	aurait	il	ait	il	eût
aurons		nous	aurions	nous	ayons	nous	eussions
aurez		vous	auriez	vous	ayez	vous	eussiez
auront		ils	auraient	ils	aient	ils	eussent

前未来		条件法 過去			接続法 過去			接続法 大過去		
aurai	eu	j'	aurais	eu	j'	aie	eu	j'	eusse	eu
auras	eu	tu	aurais	eu	tu	aies	eu	tu	eusses	eu
aura	eu	il	aurait	eu	il	ait	eu	il	eût	eu
aurons	eu	nous	aurions	eu	nous	ayons	eu	nous	eussions	eu
aurez	eu	vous	auriez	eu	vous	ayez	eu	vous	eussiez	eu
auront	eu	ils	auraient	eu	ils	aient	eu	ils	eussent	eu

être

単純未来		条件法 現在		接続法 現在		接続法 半過去	
serai		je	serais	je	sois	je	fusse
seras		tu	serais	tu	sois	tu	fusses
sera		il	serait	il	soit	il	fût
serons		nous	serions	nous	soyons	nous	fussions
serez		vous	seriez	vous	soyez	vous	fussiez
seront		ils	seraient	ils	soient	ils	fussent

前未来		条件法 過去			接続法 過去			接続法 大過去		
aurai	été	j'	aurais	été	j'	aie	été	j'	eusse	été
auras	été	tu	aurais	été	tu	aies	été	tu	eusses	été
aura	été	il	aurait	été	il	ait	été	il	eût	été
aurons	été	nous	aurions	été	nous	ayons	été	nous	eussions	été
aurez	été	vous	auriez	été	vous	ayez	été	vous	eussiez	été
auront	été	ils	auraient	été	ils	aient	été	ils	eussent	été

aimer

前未来		条件法 過去			接続法 過去			接続法 大過去		
aurai	aimé	j'	aurais	aimé	j'	aie	aimé	j'	eusse	aimé
auras	aimé	tu	aurais	aimé	tu	aies	aimé	tu	eusses	aimé
aura	aimé	il	aurait	aimé	il	ait	aimé	il	eût	aimé
aura	aimé	elle	aurait	aimé	elle	ait	aimé	elle	eût	aimé
aurons	aimé	nous	aurions	aimé	nous	ayons	aimé	nous	eussions	aimé
aurez	aimé	vous	auriez	aimé	vous	ayez	aimé	vous	eussiez	aimé
auront	aimé	ils	auraient	aimé	ils	aient	aimé	ils	eussent	aimé
auront	aimé	elles	auraient	aimé	elles	aient	aimé	elles	eussent	aimé

aller

前未来		条件法 過去			接続法 過去			接続法 大過去		
serai	allé(e)	je	serais	allé(e)	je	sois	allé(e)	je	fusse	allé(e)
seras	allé(e)	tu	serais	allé(e)	tu	sois	allé(e)	tu	fusse	allé(e)
sera	allé	il	serait	allé	il	soit	allé	il	fût	allé
sera	allée	elle	serait	allée	elle	soit	allée	elle	fût	allée
serons	allé(e)s	nous	serions	allé(e)s	nous	soyons	allé(e)s	nous	fussions	allé(e)s
serez	allé(e)(s)	vous	seriez	allé(e)(s)	vous	soyez	allé(e)(s)	vous	fussiez	allé(e)(s)
seront	allés	ils	seraient	allés	ils	soient	allés	ils	fussent	allés
seront	allées	elles	seraient	allées	elles	soient	allées	elles	fussent	allées

5. être aimé(e)(s) ［受動態］

直　説　法						接　続　法		
現　在			複　合　過　去			現　在		
je	suis	aimé(e)	j'	ai	été aimé(e)	je	sois	aimé(e)
tu	es	aimé(e)	tu	as	été aimé(e)	tu	sois	aimé(e)
il	est	aimé	il	a	été aimé	il	soit	aimé
elle	est	aimée	elle	a	été aimée	elle	soit	aimée
nous	sommes	aimé(e)s	nous	avons	été aimé(e)s	nous	soyons	aimé(e)s
vous	êtes	aimé(e)(s)	vous	avez	été aimé(e)(s)	vous	soyez	aimé(e)(s)
ils	sont	aimés	ils	ont	été aimés	ils	soient	aimés
elles	sont	aimées	elles	ont	été aimées	elles	soient	aimées
半　過　去			大　過　去			過　去		
j'	étais	aimé(e)	j'	avais	été aimé(e)	j'	aie	été aimé(e)
tu	étais	aimé(e)	tu	avais	été aimé(e)	tu	aies	été aimé(e)
il	était	aimé	il	avait	été aimé	il	ait	été aimé
elle	était	aimée	elle	avait	été aimée	elle	ait	été aimée
nous	étions	aimé(e)s	nous	avions	été aimé(e)s	nous	ayons	été aimé(e)s
vous	étiez	aimé(e)(s)	vous	aviez	été aimé(e)(s)	vous	ayez	été aimé(e)(s)
ils	étaient	aimés	ils	avaient	été aimés	ils	aient	été aimés
elles	étaient	aimées	elles	avaient	été aimées	elles	aient	été aimées
単　純　過　去			前　過　去			半　過　去		
je	fus	aimé(e)	j'	eus	été aimé(e)	je	fusse	aimé(e)
tu	fus	aimé(e)	tu	eus	été aimé(e)	tu	fusses	aimé(e)
il	fut	aimé	il	eut	été aimé	il	fût	aimé
elle	fut	aimée	elle	eut	été aimée	elle	fût	aimée
nous	fûmes	aimé(e)s	nous	eûmes	été aimé(e)s	nous	fussions	aimé(e)s
vous	fûtes	aimé(e)(s)	vous	eûtes	été aimé(e)(s)	vous	fussiez	aimé(e)(s)
ils	furent	aimés	ils	eurent	été aimés	ils	fussent	aimés
elles	furent	aimées	elles	eurent	été aimées	elles	fussent	aimées
単　純　未　来			前　未　来			大　過　去		
je	serai	aimé(e)	j'	aurai	été aimé(e)	j'	eusse	été aimé(e)
tu	seras	aimé(e)	tu	auras	été aimé(e)	tu	eusses	été aimé(e)
il	sera	aimé	il	aura	été aimé	il	eût	été aimé
elle	sera	aimée	elle	aura	été aimée	elle	eût	été aimée
nous	serons	aimé(e)s	nous	aurons	été aimé(e)s	nous	eussions	été aimé(e)s
vous	serez	aimé(e)(s)	vous	aurez	été aimé(e)(s)	vous	eussiez	été aimé(e)(s)
ils	seront	aimés	ils	auront	été aimés	ils	eussent	été aimés
elles	seront	aimées	elles	auront	été aimées	elles	eussent	été aimées

条　件　法						現在分詞
現　在			過　去			étant aimé(e)(s)
je	serais	aimé(e)	j'	aurais	été aimé(e)	
tu	serais	aimé(e)	tu	aurais	été aimé(e)	過去分詞
il	serait	aimé	il	aurait	été aimé	été aimé(e)(s)
elle	serait	aimée	elle	aurait	été aimée	
nous	serions	aimé(e)s	nous	aurions	été aimé(e)s	命　令　法
vous	seriez	aimé(e)(s)	vous	auriez	été aimé(e)(s)	sois aimé(e)s
ils	seraient	aimés	ils	auraient	été aimés	soyons aimé(e)s
elles	seraient	aimées	elles	auraient	été aimées	soyez aimé(e)(s)

e lever ［代名動詞］

<table>
<tr><th colspan="10">直　説　法</th><th colspan="3">接　続　法</th></tr>
<tr><th colspan="2">現　在</th><th colspan="4">複　合　過　去</th><th colspan="3">現　在</th></tr>
</table>

	直　説　法 現在						接続法 現在		
me	lève	je	me	suis	levé(e)		je	me	lève
te	lèves	tu	t'	es	levé(e)		tu	te	lèves
se	lève	il	s'	est	levé		il	se	lève
se	lève	elle	s'	est	levée		elle	se	lève
nous	levons	nous	nous	sommes	levé(e)s		nous	nous	levions
vous	levez	vous	vous	êtes	levé(e)(s)		vous	vous	leviez
se	lèvent	ils	se	sont	levés		ils	se	lèvent
se	lèvent	elles	se	sont	levées		elles	se	lèvent

半過去 / 大過去 / 過去

me	levais	je	m'	étais	levé(e)	je	me	sois	levé(e)
te	levais	tu	t'	étais	levé(e)	tu	te	sois	levé(e)
se	levait	il	s'	était	levé	il	se	soit	levé
se	levait	elle	s'	était	levée	elle	se	soit	levée
nous	levions	nous	nous	étions	levé(e)s	nous	nous	soyons	levé(e)s
vous	leviez	vous	vous	étiez	levé(e)(s)	vous	vous	soyez	levé(e)(s)
se	levaient	ils	s'	étaient	levés	ils	se	soient	levés
se	levaient	elles	s'	étaient	levées	elles	se	soient	levées

単純過去 / 前過去 / 半過去

me	levai	je	me	fus	levé(e)	je	me	levasse
te	levas	tu	te	fus	levé(e)	tu	te	levasses
se	leva	il	se	fut	levé	il	se	levât
se	leva	elle	se	fut	levée	elle	se	levât
nous	levâmes	nous	nous	fûmes	levé(e)s	nous	nous	levassions
vous	levâtes	vous	vous	fûtes	levé(e)(s)	vous	vous	levassiez
se	levèrent	ils	se	furent	levés	ils	se	levassent
se	levèrent	elles	se	furent	levées	elles	se	levassent

単純未来 / 前未来 / 大過去

me	lèverai	je	me	serai	levé(e)	je	me	fusse	levé(e)
te	lèveras	tu	te	seras	levé(e)	tu	te	fusses	levé(e)
se	lèvera	il	se	sera	levé	il	se	fût	levé
se	lèvera	elle	se	sera	levée	elle	se	fût	levée
nous	lèverons	nous	nous	serons	levé(e)s	nous	nous	fussions	levé(e)s
vous	lèverez	vous	vous	serez	levé(e)(s)	vous	vous	fussiez	levé(e)(s)
se	lèveront	ils	se	seront	levés	ils	se	fussent	levés
se	lèveront	elles	se	seront	levées	elles	se	fussent	levées

条　件　法

現在 / 過去 / 現在分詞

me	lèverais	je	me	serais	levé(e)	se levant
te	lèverais	tu	te	serais	levé(e)	
se	lèverait	il	se	serait	levé	
se	lèverait	elle	se	serait	levée	
nous	lèverions	nous	nous	serions	levé(e)s	
vous	lèveriez	vous	vous	seriez	levé(e)(s)	
se	lèveraient	ils	se	seraient	levés	
se	lèveraient	elles	se	seraient	levées	

命　令　法

lève-toi
levons-nous
levez-vous

e が間接補語のとき過去分詞は性・数の変化をしない.

不 定 法 現在分詞 過去分詞	直　説　法			
	現　　在	半　過　去	単純過去	単純未来
7. aimer *aimant* *aimé*	j'　aime tu　aimes il　aime n.　aimons v.　aimez ils　aiment	j'　aimais tu　aimais il　aimait n.　aimions v.　aimiez ils　aimaient	j'　aimai tu　aimas il　aima n.　aimâmes v.　aimâtes ils　aimèrent	j'　aimerai tu　aimeras il　aimera n.　aimerons v.　aimerez ils　aimeront
8. commencer *commençant* *commencé*	je　commence tu　commences il　commence n.　commençons v.　commencez ils　commencent	je　commençais tu　commençais il　commençait n.　commencions v.　commenciez ils　commençaient	je　commençai tu　commenças il　commença n.　commençâmes v.　commençâtes ils　commencèrent	je　commencer tu　commencer il　commencer n.　commencer v.　commencer ils　commencer
9. manger *mangeant* *mangé*	je　mange tu　manges il　mange n.　mangeons v.　mangez ils　mangent	je　mangeais tu　mangeais il　mangeait n.　mangions v.　mangiez ils　mangeaient	je　mangeai tu　mangeas il　mangea n.　mangeâmes v.　mangeâtes ils　mangèrent	je　mangerai tu　mangeras il　mangera n.　mangerons v.　mangerez ils　mangeront
10. acheter *achetant* *acheté*	j'　achète tu　achètes il　achète n.　achetons v.　achetez ils　achètent	j'　achetais tu　achetais il　achetait n.　achetions v.　achetiez ils　achetaient	j'　achetai tu　achetas il　acheta n.　achetâmes v.　achetâtes ils　achetèrent	j'　achèterai tu　achèteras il　achètera n.　achèterons v.　achèterez ils　achèteront
11. appeler *appelant* *appelé*	j'　appelle tu　appelles il　appelle n.　appelons v.　appelez ils　appellent	j'　appelais tu　appelais il　appelait n.　appelions v.　appeliez ils　appelaient	j'　appelai tu　appelas il　appela n.　appelâmes v.　appelâtes ils　appelèrent	j'　appellerai tu　appelleras il　appellera n.　appellerons v.　appellerez ils　appelleront
12. préférer *préférant* *préféré*	je　préfère tu　préfères il　préfère n.　préférons v.　préférez ils　préfèrent	je　préférais tu　préférais il　préférait n.　préférions v.　préfériez ils　préféraient	je　préférai tu　préféras il　préféra n.　préférâmes v.　préférâtes ils　préférèrent	je　préférerai tu　préféreras i!　préférera n.　préférerons v.　préférerez ils　préféreront
13. employer *employant* *employé*	j'　emploie tu　emploies il　emploie n.　employons v.　employez ils　emploient	j'　employais tu　employais il　employait n.　employions v.　employiez ils　employaient	j'　employai tu　employas il　employa n.　employâmes v.　employâtes ils　employèrent	j'　emploierai tu　emploieras il　emploiera n.　emploierons v.　emploierez ils　emploieront

条件法	接続法		命令法	同型
現在	現在	半過去		
aimerais	j' aime	j' aimasse		囮語尾 -er の動詞
aimerais	tu aimes	tu aimasses	aime	(除：aller, envoyer)
aimerait	il aime	il aimât		を第一群規則動詞と
aimerions	n. aimions	n. aimassions	aimons	もいう.
aimeriez	v. aimiez	v. aimassiez	aimez	
aimeraient	ils aiment	ils aimassent		
commencerais	je commence	je commençasse		**avancer**
commencerais	tu commences	tu commençasses	commence	**effacer**
commencerait	il commence	il commençât		**forcer**
commencerions	n. commencions	n. commençassions	commençons	**lancer**
commenceriez	v. commenciez	v. commençassiez	commencez	**placer**
commenceraient	ils commencent	ils commençassent		**prononcer**
				remplacer
				renoncer
mangerais	je mange	je mangeasse		**arranger**
mangerais	tu manges	tu mangeasses	mange	**changer**
mangerait	il mange	il mangeât		**charger**
mangerions	n. mangions	n. mangeassions	mangeons	**déranger**
mangeriez	v. mangiez	v. mangeassiez	mangez	**engager**
mangeraient	ils mangent	ils mangeassent		**manger**
				obliger
				voyager
achèterais	j' achète	j' achetasse		**achever**
achèterais	tu achètes	tu achetasses	achète	**amener**
achèterait	il achète	il achetât		**enlever**
achèterions	n. achetions	n. achetassions	achetons	**lever**
achèteriez	v. achetiez	v. achetassiez	achetez	**mener**
achèteraient	ils achètent	ils achetassent		**peser**
				(se) promener
appellerais	j' appelle	j' appelasse		**jeter**
appellerais	tu appelles	tu appelasses	appelle	**rappeler**
appellerait	il appelle	il appelât		**rejeter**
appellerions	n. appelions	n. appelassions	appelons	**renouveler**
appelleriez	v. appeliez	v. appelassiez	appelez	
appelleraient	ils appellent	ils appelassent		
préférerais	je préfère	je préférasse		**considérer**
préférerais	tu préfères	tu préférasses	préfère	**désespérer**
préférerait	il préfère	il préférât		**espérer**
préférerions	n. préférions	n. préférassions	préférons	**inquiéter**
préféreriez	v. préfériez	v. préférassiez	préférez	**pénétrer**
préféreraient	ils préfèrent	ils préférassent		**posséder**
				répéter
				sécher
emploierais	j' emploie	j' employasse		**-oyer** (除：envoyer)
emploierais	tu emploies	tu employasses	emploie	**-uyer**
emploierait	il emploie	il employât		**appuyer**
emploierions	n. employions	n. employassions	employons	**ennuyer**
emploieriez	v. employiez	v. employassiez	employez	**essuyer**
emploieraient	ils emploient	ils employassent		**nettoyer**

動詞活用表

不 定 法 現在分詞 過去分詞	直 説 法			
	現 在	半 過 去	単 純 過 去	単 純 未 来
14. payer *payant* *payé*	je paye (paie) tu payes (paies) il paye (paie) n. payons v. payez ils payent (paient)	je payais tu payais il payait n. payions v. payiez ils payaient	je payai tu payas il paya n. payâmes v. payâtes ils payèrent	je payerai (paiera tu payeras (*etc.* il payera n. payerons v. payerez ils payeront
15. envoyer *envoyant* *envoyé*	j' envoie tu envoies il envoie n. envoyons v. envoyez ils envoient	j' envoyais tu envoyais il envoyait n. envoyions v. envoyiez ils envoyaient	j' envoyai tu envoyas il envoya n. envoyâmes v. envoyâtes ils envoyèrent	j' **enverrai** tu **enverras** il **enverra** n. **enverrons** v. **enverrez** ils **enverront**
16. aller *allant* *allé*	je **vais** tu **vas** il **va** n. allons v. allez ils **vont**	j' allais tu allais il allait n. allions v. alliez ils allaient	j' allai tu allas il alla n. allâmes v. allâtes ils allèrent	j' **irai** tu **iras** il **ira** n. **irons** v. **irez** ils **iront**
17. finir *finissant* *fini*	je finis tu finis il finit n. finissons v. finissez ils finissent	je finissais tu finissais il finissait n. finissions v. finissiez ils finissaient	je finis tu finis il finit n. finîmes v. finîtes ils finirent	je finirai tu finiras il finira n. finirons v. finirez ils finiront
18. partir *partant* *parti*	je pars tu pars il part n. partons v. partez ils partent	je partais tu partais il partait n. partions v. partiez ils partaient	je partis tu partis il partit n. partîmes v. partîtes ils partirent	je partirai tu partiras il partira n. partirons v. partirez ils partiront
19. sentir *sentant* *senti*	je sens tu sens il sent n. sentons v. sentez ils sentent	je sentais tu sentais il sentait n. sentions v. sentiez ils sentaient	je sentis tu sentis il sentit n. sentîmes v. sentîtes ils sentirent	je sentirai tu sentiras il sentira n. sentirons v. sentirez ils sentiront
20. tenir *tenant* *tenu*	je tiens tu tiens il tient n. tenons v. tenez ils tiennent	je tenais tu tenais il tenait n. tenions v. teniez ils tenaient	je tins tu tins il tint n. tînmes v. tîntes ils tinrent	je **tiendrai** tu **tiendras** il **tiendra** n. **tiendrons** v. **tiendrez** ils **tiendront**

条　件　法		接　続　法			命　令　法	同　型
現　在		現　在		半　過　去		
payerais (paierais)	je	paye (paie)	je	payasse		[発音]
payerais (etc. . . .)	tu	payes (paies)	tu	payasses	paie (paye)	je paye [ʒəpɛj],
payerait	il	paye (paie)	il	payât		je paie [ʒəpɛ];
payerions	n.	payions	n.	payassions	payons	je payerai [ʒəpɛjre],
payeriez	v.	payiez	v.	payassiez	payez	je paierai [ʒəpɛre].
payeraient	ils	payent (paient)	ils	payassent		
enverrais	j'	envoie	j'	envoyasse		注 未来、条・現を除い
enverrais	tu	envoies	tu	envoyasses	envoie	ては、13 と同じ.
enverrait	il	envoie	il	envoyât		**renvoyer**
enverrions	n.	envoyions	n.	envoyassions	envoyons	
enverriez	v.	envoyiez	v.	envoyassiez	envoyez	
enverraient	ils	envoient	ils	envoyassent		
irais	j'	**aille**	j'	allasse		注 yがつくとき命令法・
irais	tu	**ailles**	tu	allasses	**va**	現在は vas・y. 直・
irait	il	**aille**	il	allât		現・3人称複数に ont の
irions	n.	allions	n.	allassions	allons	語尾をもつものは他に
iriez	v.	alliez	v.	allassiez	allez	ont (avoir), sont (être),
iraient	ils	**aillent**	ils	allassent		font (faire) のみ.
finirais	je	finisse	je	finisse		注 finir 型の動詞を第
finirais	tu	finisses	tu	finisses	finis	2群規則動詞という.
finirait	il	finisse	il	finît		
finirions	n.	finissions	n.	finissions	finissons	
finiriez	v.	finissiez	v.	finissiez	finissez	
finiraient	ils	finissent	ils	finissent		
partirais	je	parte	je	partisse		注 助動詞は être.
partirais	tu	partes	tu	partisses	pars	**sortir**
partirait	il	parte	il	partît		
partirions	n.	partions	n.	partissions	partons	
partiriez	v.	partiez	v.	partissiez	partez	
partiraient	ils	partent	ils	partissent		
sentirais	je	sente	je	sentisse		注 18と助動詞を除
sentirais	tu	sentes	tu	sentisses	sens	けば同型.
sentirait	il	sente	il	sentît		
sentirions	n.	sentions	n.	sentissions	sentons	
sentiriez	v.	sentiez	v.	sentissiez	sentez	
sentiraient	ils	sentent	ils	sentissent		
tiendrais	je	tienne	je	tinsse		注 **venir 21** と同型、
tiendrais	tu	tiennes	tu	tinsses	tiens	ただし、助動詞は
tiendrait	il	tienne	il	tînt		avoir.
tiendrions	n.	tenions	n.	tinssions	tenons	
tiendriez	v.	teniez	v.	tinssiez	tenez	
tiendraient	ils	tiennent	ils	tinssent		

動詞活用表

不 定 法 現在分詞 過去分詞	直 説 法			
	現 在	半 過 去	単純過去	単純未来
21. venir *venant* *venu*	je viens tu viens il vient n. venons v. venez ils viennent	je venais tu venais il venait n. venions v. veniez ils venaient	je vins tu vins il vint n. vînmes v. vîntes ils vinrent	je **viendrai** tu **viendras** il **viendra** n. **viendrons** v. **viendrez** ils **viendront**
22. accueillir *accueillant* *accueilli*	j' **accueille** tu **accueilles** il **accueille** n. accueillons v. accueillez ils accueillent	j' accueillais tu accueillais il accueillait n. accueillions v. accueilliez ils accueillaient	j' accueillis tu accueillis il accueillit n. accueillîmes v. accueillîtes ils accueillirent	j' **accueillera** tu **accueillera** il **accueillera** n. **accueillero** v. **accueillero** ils **accueillero**
23. ouvrir *ouvrant* *ouvert*	j' **ouvre** tu **ouvres** il **ouvre** n. ouvrons v. ouvrez ils ouvrent	j' ouvrais tu ouvrais il ouvrait n. ouvrions v. ouvriez ils ouvraient	j' ouvris tu ouvris il ouvrit n. ouvrîmes v. ouvrîtes ils ouvrirent	j' ouvrirai tu ouvriras il ouvrira n. ouvrirons v. ouvrirez ils ouvriront
24. courir *courant* *couru*	je cours tu cours il court n. courons v. courez ils courent	je courais tu courais il courait n. courions v. couriez ils couraient	je courus tu courus il courut n. courûmes v. courûtes ils coururent	je **courrai** tu **courras** il **courra** n. **courrons** v. **courrez** ils **courront**
25. mourir *mourant* *mort*	je meurs tu meurs il meurt n. mourons v. mourez ils meurent	je mourais tu mourais il mourait n. mourions v. mouriez ils mouraient	je mourus tu mourus il mourut n. mourûmes v. mourûtes ils moururent	je **mourrai** tu **mourras** il **mourra** n. **mourrons** v. **mourrez** ils **mourront**
26. acquérir *acquérant* *acquis*	j' acquiers tu acquiers il acquiert n. acquérons v. acquérez ils acquièrent	j' acquérais tu acquérais il acquérait n. acquérions v. acquériez ils acquéraient	j' acquis tu acquis il acquit n. acquîmes v. acquîtes ils acquirent	j' **acquerrai** tu **acquerras** il **acquerra** n. **acquerron** v. **acquerrez** ils **acquerron**
27. fuir *fuyant* *fui*	je fuis tu fuis il fuit n. fuyons v. fuyez ils fuient	je fuyais tu fuyais il fuyait n. fuyions v. fuyiez ils fuyaient	je fuis tu fuis il fuit n. fuîmes v. fuîtes ils fuirent	je fuirai tu fuiras il fuira n. fuirons v. fuirez ils fuiront

条件法	接続法		命令法	同型
現　在	現　在	半　過　去		
viendrais	je vienne	je vinsse		注 助動詞は être.
viendrais	tu viennes	tu vinsses	viens	devenir
viendrait	il vienne	il vînt		intervenir
viendrions	n. venions	n. vinssions	venons	prévenir
viendriez	v. veniez	v. vinssiez	venez	revenir
viendraient	ils viennent	ils vinssent		(se) souvenir
accueillerais	j' accueille	j' accueillisse		cueillir
accueillerais	tu accueilles	tu accueillisses	accueille	
accueillerait	il accueille	il accueillît		
accueillerions	n. accueillions	n. accueillissions	accueillons	
accueilleriez	v. accueilliez	v. accueillissiez	accueillez	
accueilleraient	ils accueillent	ils accueillissent		
ouvrirais	j' ouvre	j' ouvrisse		couvrir
ouvrirais	tu ouvres	tu ouvrisses	ouvre	découvrir
ouvrirait	il ouvre	il ouvrît		offrir
ouvririons	n. ouvrions	n. ouvrissions	ouvrons	souffrir
ouvririez	v. ouvriez	v. ouvrissiez	ouvrez	
ouvriraient	ils ouvrent	ils ouvrissent		
courrais	je coure	je courusse		accourir
courrais	tu coures	tu courusses	cours	
courrait	il coure	il courût		
courrions	n. courions	n. courussions	courons	
courriez	v. couriez	v. courussiez	courez	
courraient	ils courent	ils courussent		
mourrais	je meure	je mourusse		注 助動詞は être.
mourrais	tu meures	tu mourusses	meurs	
mourrait	il meure	il mourût		
mourrions	n. mourions	n. mourussions	mourons	
mourriez	v. mouriez	v. mourussiez	mourez	
mourraient	ils meurent	ils mourussent		
acquerrais	j' acquière	j' acquisse		conquérir
acquerrais	tu acquières	tu acquisses	acquiers	
acquerrait	il acquière	il acquît		
acquerrions	n. acquérions	n. acquissions	acquérons	
acquerriez	v. acquériez	v. acquissiez	acquérez	
acquerraient	ils acquièrent	ils acquissent		
fuirais	je fuie	je fuisse		s'enfuir
fuirais	tu fuies	tu fuisses	fuis	
fuirait	il fuie	il fuît		
fuirions	n. fuyions	n. fuissions	fuyons	
fuiriez	v. fuyiez	v. fuissiez	fuyez	
fuiraient	ils fuient	ils fuissent		

不 定 法 現在分詞 過去分詞	直 説 法			
	現　　在	半 過 去	単純過去	単純未来
28. rendre *rendant* *rendu*	je rends tu rends il **rend** n. rendons v. rendez ils rendent	je rendais tu rendais il rendait n. rendions v. rendiez ils rendaient	je rendis tu rendis il rendit n. rendîmes v. rendîtes ils rendirent	je rendrai tu rendras il rendra n. rendrons v. rendrez ils rendront
29. prendre *prenant* *pris*	je prends tu prends il **prend** n. prenons v. prenez ils prennent	je prenais tu prenais il prenait n. prenions v. preniez ils prenaient	je pris tu pris il prit n. prîmes v. prîtes ils prirent	je prendrai tu prendras il prendra n. prendrons v. prendrez ils prendront
30. craindre *craignant* *craint*	je crains tu crains il craint n. craignons v. craignez ils craignent	je craignais tu craignais il craignait n. craignions v. craigniez ils craignaient	je craignis tu craignis il craignit n. craignîmes v. craignîtes ils craignirent	je craindrai tu craindras il craindra n. craindrons v. craindrez ils craindront
31. faire *faisant* *fait*	je fais tu fais il fait n. faisons v. **faites** ils **font**	je faisais tu faisais il faisait n. faisions v. faisiez ils faisaient	je fis tu fis il fit n. fîmes v. fîtes ils firent	je **ferai** tu **feras** il **fera** n. **ferons** v. **ferez** ils **feront**
32. dire *disant* *dit*	je dis tu dis il dit n. disons v. **dites** ils disent	je disais tu disais il disait n. disions v. disiez ils disaient	je dis tu dis il dit n. dîmes v. dîtes ils dirent	je dirai tu diras il dira n. dirons v. direz ils diront
33. lire *lisant* *lu*	je lis tu lis il lit n. lisons v. lisez ils lisent	je lisais tu lisais il lisait n. lisions v. lisiez ils lisaient	je lus tu lus il lut n. lûmes v. lûtes ils lurent	je lirai tu liras il lira n. lirons v. lirez ils liront
34. suffire *suffisant* *suffi*	je suffis tu suffis il suffit n. suffisons v. suffisez ils suffisent	je suffisais tu suffisais il suffisait n. suffisions v. suffisiez ils suffisaient	je suffis tu suffis il suffit n. suffîmes v. suffîtes ils suffirent	je suffirai tu suffiras il suffira n. suffirons v. suffirez ils suffiront

条 件 法	接 続 法		命 令 法	同 型
現　　在	現　　在	半　過　去		
rendrais rendrais rendrait rendrions rendriez rendraient	je　rende tu　rendes il　rende n.　rendions v.　rendiez ils　rendent	je　rendisse tu　rendisses il　rendît n.　rendissions v.　rendissiez ils　rendissent	rends rendons rendez	**attendre descendre entendre pendre perdre répandre répondre vendre**
prendrais prendrais prendrait prendrions prendriez prendraient	je　prenne tu　prennes il　prenne n.　prenions v.　preniez ils　prennent	je　prisse tu　prisses il　prît n.　prissions v.　prissiez ils　prissent	prends prenons prenez	**apprendre comprendre entreprendre reprendre surprendre**
craindrais craindrais craindrait craindrions craindriez craindraient	je　craigne tu　craignes il　craigne n.　craignions v.　craigniez ils　craignent	je　craignisse tu　craignisses il　craignît n.　craignissions v.　craignissiez ils　craignissent	crains craignons craignez	**atteindre éteindre joindre peindre plaindre**
ferais ferais ferait ferions feriez feraient	je　**fasse** tu　**fasses** il　**fasse** n.　**fassions** v.　**fassiez** ils　**fassent**	je　fisse tu　fisses il　fît n.　fissions v.　fissiez ils　fissent	fais faisons **faites**	**défaire refaire satisfaire** 注 fais-[f(ə)z-]
dirais dirais dirait dirions diriez diraient	je　dise tu　dises il　dise n.　disions v.　disiez ils　disent	je　disse tu　disses il　dît n.　dissions v.　dissiez ils　dissent	dis disons **dites**	**redire**
lirais lirais lirait lirions liriez liraient	je　lise tu　lises il　lise n.　lisions v.　lisiez ils　lisent	je　lusse tu　lusses il　lût n.　lussions v.　lussiez ils　lussent	lis lisons lisez	**relire élire**
suffirais suffirais suffirait suffirions suffiriez suffiraient	je　suffise tu　suffises il　suffise n.　suffisions v.　suffisiez ils　suffisent	je　suffisse tu　suffisses il　suffît n.　suffissions v.　suffissiez ils　suffissent	suffis suffisons suffisez	

不 定 法 現在分詞 過去分詞	直 説 法			
	現　在	半　過　去	単純過去	単純未来
35. conduire *conduisant* *conduit*	je conduis tu conduis il conduit n. conduisons v. conduisez ils conduisent	je conduisais tu conduisais il conduisait n. conduisions v. conduisiez ils conduisaient	je conduisis tu conduisis il conduisit n. conduisîmes v. conduisîtes ils conduisirent	je conduirai tu conduiras il conduira n. conduirons v. conduirez ils conduiront
36. plaire *plaisant* *plu*	je plais tu plais il **plaît** n. plaisons v. plaisez ils plaisent	je plaisais tu plaisais il plaisait n. plaisions v. plaisiez ils plaisaient	je plus tu plus il plut n. plûmes v. plûtes ils plurent	je plairai tu plairas il plaira n. plairons v. plairez ils plairont
37. coudre *cousant* *cousu*	je couds tu couds il coud n. cousons v. cousez ils cousent	je cousais tu cousais il cousait n. cousions v. cousiez ils cousaient	je cousis tu cousis il cousit n. cousîmes v. cousîtes ils cousirent	je coudrai tu coudras il coudra n. coudrons v. coudrez ils coudront
38. suivre *suivant* *suivi*	je suis tu suis il suit n. suivons v. suivez ils suivent	je suivais tu suivais il suivait n. suivions v. suiviez ils suivaient	je suivis tu suivis il suivit n. suivîmes v. suivîtes ils suivirent	je suivrai tu suivras il suivra n. suivrons v. suivrez ils suivront
39. vivre *vivant* *vécu*	je vis tu vis il vit n. vivons v. vivez ils vivent	je vivais tu vivais il vivait n. vivions v. viviez ils vivaient	je vécus tu vécus il vécut n. vécûmes v. vécûtes ils vécurent	je vivrai tu vivras il vivra n. vivrons v. vivrez ils vivront
40. écrire *écrivant* *écrit*	j' écris tu écris il écrit n. écrivons v. écrivez ils écrivent	j' écrivais tu écrivais il écrivait n. écrivions v. écriviez ils écrivaient	j' écrivis tu écrivis il écrivit n. écrivîmes v. écrivîtes ils écrivirent	j' écrirai tu écriras il écrira n. écrirons v. écrirez ils écriront
41. boire *buvant* *bu*	je bois tu bois il boit n. buvons v. buvez ils boivent	je buvais tu buvais il buvait n. buvions v. buviez ils buvaient	je bus tu bus il but n. bûmes v. bûtes ils burent	je boirai tu boiras il boira n. boirons v. boirez ils boiront

条件法	接 続 法		命 令 法	同 型
現 在	現 在	半 過 去		
conduirais	je conduise	je conduisisse		**construire**
conduirais	tu conduises	tu conduisisses	conduis	**cuire**
conduirait	il conduise	il conduisît		**détruire**
conduirions	n. conduisions	n. conduisissions	conduisons	**instruire**
conduiriez	v. conduisiez	v. conduisissiez	conduisez	**introduire**
conduiraient	ils conduisent	ils conduisissent		**produire**
				traduire
plairais	je plaise	je plusse		**déplaire**
plairais	tu plaises	tu plusses	plais	**(se) taire**
plairait	il plaise	il plût		(ただし il se tait)
plairions	n. plaisions	n. plussions	plaisons	
plairiez	v. plaisiez	v. plussiez	plaisez	
plairaient	ils plaisent	ils plussent		
coudrais	je couse	je cousisse		
coudrais	tu couses	tu cousisses	couds	
coudrait	il couse	il cousît		
coudrions	n. cousions	n. cousissions	cousons	
coudriez	v. cousiez	v. cousissiez	cousez	
coudraient	ils cousent	ils cousissent		
suivrais	je suive	je suivisse		**poursuivre**
suivrais	tu suives	tu suivisses	suis	
suivrait	il suive	il suivît		
suivrions	n. suivions	n. suivissions	suivons	
suivriez	v. suiviez	v. suivissiez	suivez	
suivraient	ils suivent	ils suivissent		
vivrais	je vive	je vécusse		
vivrais	tu vives	tu vécusses	vis	
vivrait	il vive	il vécût		
vivrions	n. vivions	n. vécussions	vivons	
vivriez	v. viviez	v. vécussiez	vivez	
vivraient	ils vivent	ils vécussent		
écrirais	j' écrive	j' écrivisse		**décrire**
écrirais	tu écrives	tu écrivisses	écris	**inscrire**
écrirait	il écrive	il écrivît		
écririons	n. écrivions	n. écrivissions	écrivons	
écririez	v. écriviez	v. écrivissiez	écrivez	
écriraient	ils écrivent	ils écrivissent		
boirais	je boive	je busse		
boirais	tu boives	tu busses	bois	
boirait	il boive	il bût		
boirions	n. buvions	n. bussions	buvons	
boiriez	v. buviez	v. bussiez	buvez	
boiraient	ils boivent	ils bussent		

不 定 法 現在分詞 過去分詞	直 説 法			
	現　　在	半　過　去	単純過去	単純未来
42. résoudre *résolvant* *résolu*	je résous tu résous il résout n. résolvons v. résolvez ils résolvent	je résolvais tu résolvais il résolvait n. résolvions v. résolviez ils résolvaient	je résolus tu résolus il résolut n. résolûmes v. résolûtes ils résolurent	je résoudrai tu résoudras il résoudra n. résoudrons v. résoudrez ils résoudront
43. connaître *connaissant* *connu*	je connais tu connais il **connaît** n. connaissons v. connaissez ils connaissent	je connaissais tu connaissais il connaissait n. connaissions v. connaissiez ils connaissaient	je connus tu connus il connut n. connûmes v. connûtes ils connurent	je connaîtrai tu connaîtras il connaîtra n. connaîtrons v. connaîtrez ils connaîtront
44. naître *naissant* *né*	je nais tu nais il **naît** n. naissons v. naissez ils naissent	je naissais tu naissais il naissait n. naissions v. naissiez ils naissaient	je naquis tu naquis il naquit n. naquîmes v. naquîtes ils naquirent	je naîtrai tu naîtras il naîtra n. naîtrons v. naîtrez ils naîtront
45. croire *croyant* *cru*	je crois tu crois il croit n. croyons v. croyez ils croient	je croyais tu croyais il croyait n. croyions v. croyiez ils croyaient	je crus tu crus il crut n. crûmes v. crûtes ils crurent	je croirai tu croiras il croira n. croirons v. croirez ils croiront
46. battre *battant* *battu*	je bats tu bats il **bat** n. battons v. battez ils battent	je battais tu battais il battait n. battions v. battiez ils battaient	je battis tu battis il battit n. battîmes v. battîtes ils battirent	je battrai tu battras il battra n. battrons v. battrez ils battront
47. mettre *mettant* *mis*	je mets tu mets il **met** n. mettons v. mettez ils mettent	je mettais tu mettais il mettait n. mettions v. mettiez ils mettaient	je mis tu mis il mit n. mîmes v. mîtes ils mirent	je mettrai tu mettras il mettra n. mettrons v. mettrez ils mettront
48. rire *riant* *ri*	je ris tu ris il rit n. rions v. riez ils rient	je riais tu riais il riait n. riions v. riiez ils riaient	je ris tu ris il rit n. rîmes v. rîtes ils rirent	je rirai tu riras il rira n. rirons v. rirez ils riront

条件法	接続法		命令法	同型
現　在	現　在	半　過　去		
résoudrais résoudrais résoudrait résoudrions résoudriez résoudraient	je　résolve tu　résolves il　résolve n.　résolvions v.　résolviez ils　résolvent	je　résolusse tu　résolusses il　résolût n.　résolussions v.　résolussiez ils　résolussent	résous résolvons résolvez	
connaîtrais connaîtrais connaîtrait connaîtrions connaîtriez connaîtraient	je　connaisse tu　connaisses il　connaisse n.　connaissions v.　connaissiez ils　connaissent	je　connusse tu　connusses il　connût n.　connussions v.　connussiez ils　connussent	connais connaissons connaissez	注 t の前にくるとき i→î. **apparaître** **disparaître** **paraître** **reconnaître**
naîtrais naîtrais naîtrait naîtrions naîtriez naîtraient	je　naisse tu　naisses il　naisse n.　naissions v.　naissiez ils　naissent	je　naquisse tu　naquisses il　naquît n.　naquissions v.　naquissiez ils　naquissent	nais naissons naissez	注 t の前にくるとき i→î. 助動詞はêtre.
croirais croirais croirait croirions croiriez croiraient	je　croie tu　croies il　croie n.　croyions v.　croyiez ils　croient	je　crusse tu　crusses il　crût n.　crussions v.　crussiez ils　crussent	crois croyons croyez	
battrais battrais battrait battrions battriez battraient	je　batte tu　battes il　batte n.　battions v.　battiez ils　battent	je　battisse tu　battisses il　battît n.　battissions v.　battissiez ils　battissent	bats battons battez	**abattre** **combattre**
mettrais mettrais mettrait mettrions mettriez mettraient	je　mette tu　mettes il　mette n.　mettions v.　mettiez ils　mettent	je　misse tu　misses il　mît n.　missions v.　missiez ils　missent	mets mettons mettez	**admettre** **commettre** **permettre** **promettre** **remettre**
rirais rirais rirait ririons ririez riraient	je　rie tu　ries il　rie n.　riions v.　riiez ils　rient	je　risse tu　risses il　rît n.　rissions v.　rissiez ils　rissent	ris rions riez	**sourire**

動詞活用表

不 定 法 現在分詞 過去分詞	直　説　法			
	現　　在	半　過　去	単純過去	単純未来
49. conclure *concluant* *conclu*	je conclus tu conclus il conclut n. concluons v. concluez ils concluent	je concluais tu concluais il concluait n. concluions v. concluiez ils concluaient	je conclus tu conclus il conclut n. conclûmes v. conclûtes ils conclurent	je conclurai tu concluras il conclura n. conclurons v. conclurez ils concluront
50. rompre *rompant* *rompu*	je romps tu romps il rompt n. rompons v. rompez ils rompent	je rompais tu rompais il rompait n. rompions v. rompiez ils rompaient	je rompis tu rompis il rompit n. rompîmes v. rompîtes ils rompirent	je romprai tu rompras il rompra n. romprons v. romprez ils rompront
51. vaincre *vainquant* *vaincu*	je vaincs tu vaincs il **vainc** n. vainquons v. vainquez ils vainquent	je vainquais tu vainquais il vainquait n. vainquions v. vainquiez ils vainquaient	je vainquis tu vainquis il vainquit n. vainquîmes v. vainquîtes ils vainquirent	je vaincrai tu vaincras il vaincra n. vaincrons v. vaincrez ils vaincront
52. recevoir *recevant* *reçu*	je reçois tu reçois il reçoit n. recevons v. recevez ils reçoivent	je recevais tu recevais il recevait n. recevions v. receviez ils recevaient	je reçus tu reçus il reçut n. reçûmes v. reçûtes ils reçurent	je **recevrai** tu **recevras** il **recevra** n. **recevrons** v. **recevrez** ils **recevront**
53. devoir *devant* *dû* (due, dus, dues)	je dois tu dois il doit n. devons v. devez ils doivent	je devais tu devais il devait n. devions v. deviez ils devaient	je dus tu dus il dut n. dûmes v. dûtes ils durent	je **devrai** tu **devras** il **devra** n. **devrons** v. **devrez** ils **devront**
54. pouvoir *pouvant* *pu*	je **peux (puis)** tu **peux** il peut n. pouvons v. pouvez ils peuvent	je pouvais tu pouvais il pouvait n. pouvions v. pouviez ils pouvaient	je pus tu pus il put n. pûmes v. pûtes ils purent	je **pourrai** tu **pourras** il **pourra** n. **pourrons** v. **pourrez** ils **pourront**
55. émouvoir *émouvant* *ému*	j' émeus tu émeus il émeut n. émouvons v. émouvez ils émeuvent	j' émouvais tu émouvais il émouvait n. émouvions v. émouviez ils émouvaient	j' émus tu émus il émut n. émûmes v. émûtes ils émurent	j' **émouvrai** tu **émouvras** il **émouvra** n. **émouvrons** v. **émouvrez** ils **émouvront**

条 件 法	接 続 法		命 令 法	同 型
現　　在	現　　在	半 過 去		
conclurais conclurais conclurait conclurions concluriez concluraient	je　conclue tu　conclues il　conclue n.　concluions v.　concluiez ils　concluent	je　conclusse tu　conclusses il　conclût n.　conclussions v.　conclussiez ils　conclussent	conclus concluons concluez	
romprais romprais romprait romprions rompriez rompraient	je　rompe tu　rompes il　rompe n.　rompions v.　rompiez ils　rompent	je　rompisse tu　rompisses il　rompît n.　rompissions v.　rompissiez ils　rompissent	romps rompons rompez	**interrompre**
vaincrais vaincrais vaincrait vaincrions vaincriez vaincraient	je　vainque tu　vainques il　vainque n.　vainquions v.　vainquiez ils　vainquent	je　vainquisse tu　vainquisses il　vainquît n.　vainquissions v.　vainquissiez ils　vainquissent	vaincs vainquons vainquez	**convaincre**
recevrais recevrais recevrait recevrions recevriez recevraient	je　reçoive tu　reçoives il　reçoive n.　recevions v.　receviez ils　reçoivent	je　reçusse tu　reçusses il　reçût n.　reçussions v.　reçussiez ils　reçussent	reçois recevons recevez	**apercevoir concevoir**
devrais devrais devrait devrions devriez devraient	je　doive tu　doives il　doive n.　devions v.　deviez ils　doivent	je　dusse tu　dusses il　dût n.　dussions v.　dussiez ils　dussent	dois devons devez	注命令法はほとんど 用いられない.
pourrais pourrais pourrait pourrions pourriez pourraient	je　**puisse** tu　**puisses** il　**puisse** n.　**puissions** v.　**puissiez** ils　**puissent**	je　pusse tu　pusses il　pût n.　pussions v.　pussiez ils　pussent		注命令法はない.
émouvrais émouvrais émouvrait émouvrions émouvriez émouvraient	j'　émeuve tu　émeuves il　émeuve n.　émouvions v.　émouviez ils　émeuvent	j'　émusse tu　émusses il　émût n.　émussions v.　émussiez ils　émussent	émeus émouvons émouvez	**mouvoir** ただし過去分詞は mû (mue, mus, mues)

不 定 法 現在分詞 過去分詞	直　説　法			
	現　　在	半　過　去	単純過去	単純未来
56. savoir *sachant* *su*	je　sais tu　sais il　sait n.　savons v.　savez ils　savent	je　savais tu　savais il　savait n.　savions v.　saviez ils　savaient	je　sus tu　sus il　sut n.　sûmes v.　sûtes ils　surent	je　**saurai** tu　**sauras** il　**saura** n.　**saurons** v.　**saurez** ils　**sauront**
57. voir *voyant* *vu*	je　vois tu　vois il　voit n.　voyons v.　voyez ils　voient	je　voyais tu　voyais il　voyait n.　voyions v.　voyiez ils　voyaient	je　vis tu　vis il　vit n.　vîmes v.　vîtes ils　virent	je　**verrai** tu　**verras** il　**verra** n.　**verrons** v.　**verrez** ils　**verront**
58. vouloir *voulant* *voulu*	je　**veux** tu　**veux** il　veut n.　voulons v.　voulez ils　veulent	je　voulais tu　voulais il　voulait n.　voulions v.　vouliez ils　voulaient	je　voulus tu　voulus il　voulut n.　voulûmes v.　voulûtes ils　voulurent	je　**voudrai** tu　**voudras** il　**voudra** n.　**voudrons** v.　**voudrez** ils　**voudront**
59. valoir *valant* *valu*	je　**vaux** tu　**vaux** il　vaut n.　valons v.　valez ils　valent	je　valais tu　valais il　valait n.　valions v.　valiez ils　valaient	je　valus tu　valus il　valut n.　valûmes v.　valûtes ils　valurent	je　**vaudrai** tu　**vaudras** il　**vaudra** n.　**vaudrons** v.　**vaudrez** ils　**vaudront**
60. s'asseoir *s'asseyant*[1] *assis*	je　m'assieds[1] tu　t'assieds il　**s'assied** n.　n. asseyons v.　v. asseyez ils　s'asseyent	je　m'asseyais[1] tu　t'asseyais il　s'asseyait n.　n. asseyions v.　v. asseyiez ils　s'asseyaient	je　m'assis tu　t'assis il　s'assit n.　n. assîmes v.　v. assîtes ils　s'assirent	je　m'**assiérai**[1] tu　t'**assiéras** il　s'**assiéra** n.　n. **assiéron** v.　v. **assiérez** ils　s'**assiéront**
s'assoyant[2]	je　m'assois[2] tu　t'assois il　s'assoit n.　n. assoyons v.　v. assoyez ils　s'assoient	je　m'assoyais[2] tu　t'assoyais il　s'assoyait n.　n. assoyions v.　v. assoyiez ils　s'assoyaient		je　m'**assoirai**[2] tu　t'**assoiras** il　s'**assoira** n.　n. **assoiron** v.　v. **assoirez** ils　s'**assoiront**
61. pleuvoir *pleuvant* *plu*	il　pleut	il　pleuvait	il　plut	il　**pleuvra**
62. falloir *fallu*	il　faut	il　fallait	il　fallut	il　**faudra**

条件法	接続法		命令法	同型
現在	現在	半過去		
saurais	je **sache**	je susse		
saurais	tu **saches**	tu susses	**sache**	
saurait	il **sache**	il sût		
saurions	n. **sachions**	n. sussions	**sachons**	
sauriez	v. **sachiez**	v. sussiez	**sachez**	
sauraient	ils **sachent**	ils sussent		
verrais	je voie	je visse		**revoir**
verrais	tu voies	tu visses	vois	
verrait	il voie	il vît		
verrions	n. voyions	n. vissions	voyons	
verriez	v. voyiez	v. vissiez	voyez	
verraient	ils voient	ils vissent		
voudrais	je **veuille**	je voulusse		
voudrais	tu **veuilles**	tu voulusses	**veuille**	
voudrait	il **veuille**	il voulût		
voudrions	n. voulions	n. voulussions	**veuillons**	
voudriez	v. vouliez	v. voulussiez	**veuillez**	
voudraient	ils **veuillent**	ils voulussent		
vaudrais	je **vaille**	je valusse		圧命令法はほとんど
vaudrais	tu **vailles**	tu valusses		ど用いられない.
vaudrait	il **vaille**	il valût		
vaudrions	n. valions	n. valussions		
vaudriez	v. valiez	v. valussiez		
vaudraient	ils **vaillent**	ils valussent		
m'assiérais[1]	je m'asseye[1]			
t'assiérais	tu t'asseyes		assieds-toi[1]	
s'assiérait	il s'asseye			
n. assiérions	n. n. asseyions	j' m'assisse	asseyons-nous	圧時称により2種の
v. assiériez	v. v. asseyiez	tu t'assisses	asseyez-vous	活用があるが,
s'assiéraient	ils s'asseyent	il s'assît		(1)は古来の活用で,
m'assoirais[2]	je m'assoie[2]	n. n. assissions		(2)は俗語調である.
t'assoirais	tu t'assoies	v. v. assissiez	assois-toi[2]	(1)の方が多く使われ
s'assoirait	il s'assoie	ils s'assissent		る.
n. assoirions	n. n. assoyions		assoyons-nous	
v. assoiriez	v. v. assoyiez		assoyez-vous	
s'assoiraient	ils s'assoient			
pleuvrait	il pleuve	il plût		圧命令法はない.
faudrait	il **faille**	il fallût		圧命令法・現在分詞 はない.

久松 健一 Hisamatsu Ken'ichi

東京都出身, 現在, 明治大学教授. フランス語(あるいは英語)をめぐる出版物をかれこれ30年, コンスタントに書き続けている. 近著として『<中級文法への道標> 英語ができればフランス語ここに極まる!』,『日本人のための上級フランス語単語』(駿河台出版社),『[日常頻出順] 中学レベルの英単語をフランス語単語へ橋渡しする』(語研),『仏英日例文辞典　POLYGLOTTE』(IBC パブリッシング)などがある. この先, DELF-B1, B2 並びに DALF-C1, C2 レベルまで新味を盛った出版物を世に送りたいと考えている.

フランス語単語大全 DELF A1, A2 レベル対応
[練習問題 806 題で広角化する]

[音声無料ダウンロード]

2024 年 3 月 25 日　初版1刷発行

著者	久松 健一
ナレーション	Julien RICHARD- 木口
装丁・本文デザイン	吉田デザイン事務所
印刷・製本	株式会社 丸井工文社
音声制作	株式会社 中録新社
発行	株式会社 駿河台出版社
	〒 101-0062 東京都千代田区神田駿河台 3-7
	TEL 03-3291-1676 / FAX 03-3291-1675
	http://www.e-surugadai.com
発行人	上野 名保子